AF637858

Annabella Hogg

Brot & Stulle

85 feine Rezepte von Butterbrot
bis Smörgåstårta

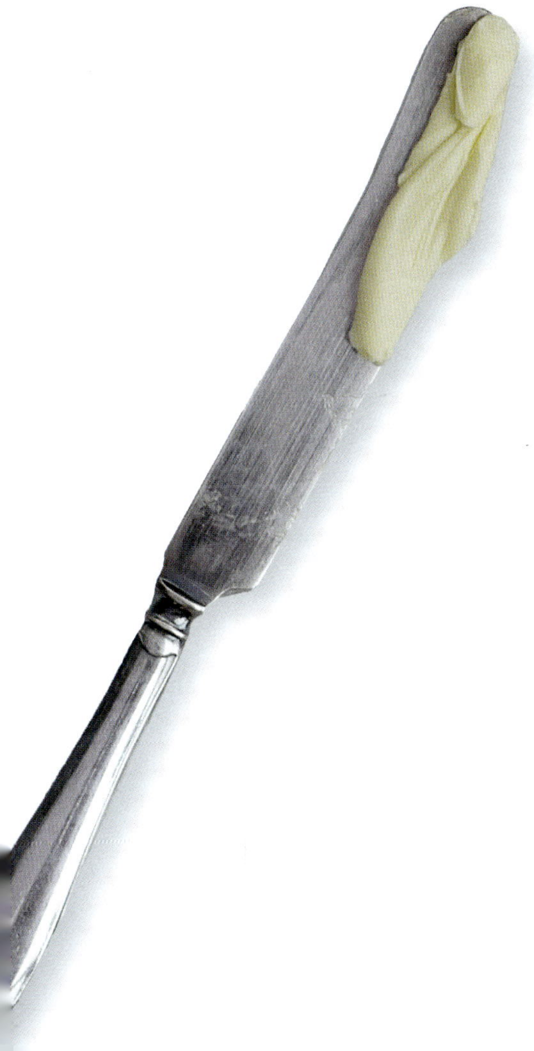

CHRISTIAN

Für meine Mama, die mir die ersten Stullen geschmiert hat.

&

Für meinen Papa, dessen Spiegelei auf Brot unvergessen ist.

&

Für meine Kinder, denen ich die Stullen schmiere.

Inhalt

Vorwort

Die ersten Stullen hat unsere Mama für meine Schwester und mich in den 80er-Jahren geschmiert. Es handelte sich dabei um einfache Butterbrote mit Frischkäse aus dem Kaufladen von Herrn Happe oder Leberwurst aus der Metzgerei Schimmel. Noch heute sehe ich den neonrosafarbenen Schreibschrift-Schriftzug über dem Fenster der Metzgerei vor mir. Das Brot kaufte meine Mama bei der »Bäckerei am Berg« – immer donnerstags backfrisch. Einen Vier-Pfund-Laib Sauerteigmischbrot. Graubrot hieß das bei uns. Ich konnte ihm schon damals nicht widerstehen und es hat mir nicht nur einmal Bauchweh verursacht, wenn ich während der Fahrt nach Hause das weiche und noch warme Innere aus dem Brotlaib gepult und gegessen habe.

Heute schmiere ich die Brote für meine Kinder. Die Veränderung der Verpackung von Küchenpapier und Gummiband zur Brotdose ist dabei nur ein Teil dessen, was sich seit meiner Kindheit in Sachen »Butterbrot« geändert hat. Den Laden von Herrn Happe gibt es nicht mehr und meine Mama schmiert mir auch keine Brote mehr. Das mache nun ich für meine Kinder – und manchmal auch für »den Schotten«, meinen Mann.

Eines aber ist geblieben: Nach wie vor liebe ich es, frisches Brot noch warm zu essen. Nur mit Butter (und vielleicht etwas Salz oder Schnittlauch). An miesen, schlecht gelaunten Tagen versöhnt es die ganze Familie, wenn ich abends ein frisch gebackenes Baguette mit Kräuterbutter oder Aioli auf den Tisch stelle. Unerwartete Gäste (oder solche, die – wie ich es liebe – ungeplant über den eigentlichen Kaffeebesuch hinaus zum Essen bleiben) beglücke ich gerne mit einer schnell gemachten Focaccia oder einem belegten Baguette. Und allseits beliebt ist eine »bunte Platte« mit verschieden belegten Broten, von der sich jeder nehmen darf, was er am liebsten mag. Die ist bunt und nie gleich, denn immer wieder ist sie neu inspiriert durch das, was mir in Garten, Kühlschrank oder Supermarkt gerade über den Weg gelaufen ist. Ihr merkt, Brot ist für mich Lebenselixier. Wirklich kochen habe ich erst spät gelernt und ungezählte Male hat mir ein einfaches Käsebrot nach einem langen Tag im Operationssaal buchstäblich das Leben gerettet. Doch Stullen-Varianten sind wie gesagt wesentlich vielfältiger. Nicht nur findet man heute jede Menge Brotsorten, die man entweder fertig kaufen oder selbst backen kann, sondern auch die Beläge sind vielfältiger und kreativer geworden.

Trotzdem: Als ich vor fast zwei Jahren auf meinem Instagram-Account @von_tisch_zu_tisch meine erste Stulle der Woche präsentierte und versprach, das von dann an mit immer neuen Variationen wöchentlich zu tun, machte sich schnell Skepsis breit. Unter virtuellen wie realen Freunden und Bekannten: Wie soll das gehen? Wie viel belegte Brote kann es geben? Das klappt doch nie! Dann ... ihr haltet den Beweis in den Händen, dass es nicht nur bei Insta hervorragend klappt. Denn es gibt so viel mehr als Leberwurst und Käse. Alles lecker, gar keine Frage. Aber insbesondere nach diesem Buch bin ich überzeugt, die Möglichkeiten, Stullen zu gestalten, sind nahezu unbegrenzt.

Probiert aus und seid kreativ.
Vor allem aber: Lasst es euch schmecken.

Annabella

Gustav Harms

Über Mengenangaben

Die Unbegrenztheit der Möglichkeiten ist ein Grund, weshalb ihr dieses Buch nicht unbedingt als feste Anleitung verstehen solltet, sondern eher als Inspirationsquelle, als so etwas wie einen Serviervorschlag.

Ich gebe euch für alle hier verwendeten Brotarten ein (möglichst einfaches) Grundrezept an die Hand. Hierbei sind Mengenangaben, Temperaturen und Zeiten genau zu beachten. Anders verhält es sich bei den Belägen für die Stullen. Hier sind die Mengenangaben oft nicht ganz so exakt, sondern dienen eher der Orientierung. Das bedeutet für euch, dass ihr sie entsprechend eurem persönlichen Geschmack anpassen könnt. Ihr mögt gerne mehr Salat? Nehmt mehr Salat! Weniger Hummus? Verwendet weniger. Ersetzt ihn durch etwas anderes, vielleicht Quark, (veganen) Ricotta oder Rote-Bete-Meerrettich-Aufstrich (siehe Rezept Seite 166) oder … Ihr mögt etwas nicht oder seid allergisch? Lasst es weg oder tauscht es aus.

Über Zutaten (& Hühner)

Ich bin überzeugt davon, dass die Herkunft unserer Nahrungsmittel großen Einfluss auf ihre Qualität und die enthaltenen Nährstoffe hat. Daher versuche ich immer, regionale und vor allem auch saisonale Zutaten zu verwenden. Oft sind die Stullen durch das inspiriert, was der Garten gerade so zu bieten hat. Oft. Aber – ich gebe es zu – nicht immer.
Fleisch kaufe ich am liebsten beim Direktvermarkter hier vor Ort. Da weiß ich, wo und wie die Tiere gelebt haben. Wir versuchen in unserer Familie, Fleisch bewusst und eher selten zu genießen, und oft sind vegetarische oder sogar vegane Alternativen leichter zu verwirklichen und dabei schmackhafter, als man denkt.
Alle für dieses Buch und auch sonst verwendeten Eier bekommen wir freundlicherweise von unseren Hühnern.

Es war lange mein Traum, meinen eigenen Gemüsegarten zu haben. Ich wollte gemeinsam mit meinen Kindern Gemüse anbauen. Mir war wichtig, dass sie sehen, wie eine Möhre wächst, wie vielfältig Tomaten sein können, wie viel Arbeit hinter der Heranzucht einer Gurke steckt. Ganz egoistisch wollte ich aber auch endlich schwer zu bekommendes Gemüse anbauen – bunten Mangold oder Ringelbete zum Beispiel. Und eigene Hühner halten. Die hierfür notwendige Überzeugungsarbeit beim Schotten war etwas umfangreicher als die für die Gemüsebeete – aber der Hühnerstall, den er mir dann irgendwann nach meinen Wünschen gebaut hat, ist sicherlich eine der schönsten Liebeserklärungen, die ich mir vorstellen kann. Er (der Stall, nicht der Schotte) hat ein Fenster zum Hof und ist so groß, dass ganz eventuell auch ein Einhorn darin Unterschlupf finden könnte.

Und die Hühner selbst sind ein bunter Haufen. Der Hahn im Korb heißt Monsieur – und er achtet gut auf seine Mädels. Als Dank legen sie uns die schönsten Eier.

Über Brotsorten

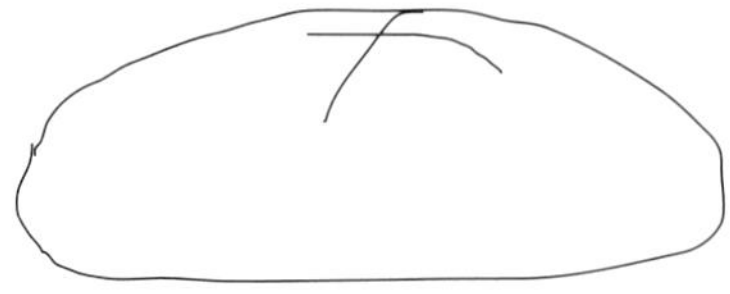

Ich verwende im Buch vor allem Weißbrot, Graubrot und Schwarzbrot. Nach diesen Brotsorten sind auch die Stullen sortiert. Letztlich handelt es sich dabei aber vor allem um Überbegriffe für Bauernbrote, Landbrote, Roggenvollkornbrote, Roggenmischbrote, Toastbrote und, und, und ...

Ich habe so meine Vorlieben, doch probiert gerne selbst aus, welche Brote euch mit welchem Belag am besten schmecken! Was ich euch aber auf jeden Fall ans Herz legen möchte, ist, euer Brot entweder selbst zu backen oder in einer Bäckerei zu kaufen, die tatsächlich noch eine ist. Ihr werdet den Unterschied am Geschmack und auch an der Verträglichkeit merken. Und an dem netten Gespräch mit der Bäckerin ... unsere freut sich immer über den Besuch meiner Mädels und ihre Vorlieben.

Eine kleine Bemerkung zur Hefe

Ich verwende in meinen Rezepten ausschließlich frische Hefe. Falls ihr lieber Trockenhefe nutzen möchtet, könnt ihr ½ Würfel frische Hefe (21 g) durch einen Beutel Trockenhefe (7 g) ersetzen.

Als Faustregel gilt, dass ½ Würfel frische Hefe für 500 g Mehl ausreicht. Bei Raumtemperatur sollte es dann etwa 1 Stunde dauern, bis der Teig sich verdoppelt hat.

Hat man es sehr eilig und möchte, dass der Teig schneller geht, kann man die Menge der Hefe auf 1 Würfel erhöhen oder den Teig bei etwas höherer Temperatur (z. B. unter der Bettdecke) gehen lassen. Hat man dagegen etwas mehr Zeit, kann man auch weniger Hefe benutzen: Wenn man zum Beispiel den Brotteig am Abend vorher ansetzt, ist sogar nur etwa 1 g Hefe für 500 g Mehl ausreichend.

Baguette ist immer ein bisschen wie Sommer. Unbeschwert und ungezwungen zaubert es ein Lachen in jedes Gesicht und verleitet dazu, sich ein Stück abzubrechen und zu genießen.

Baguette

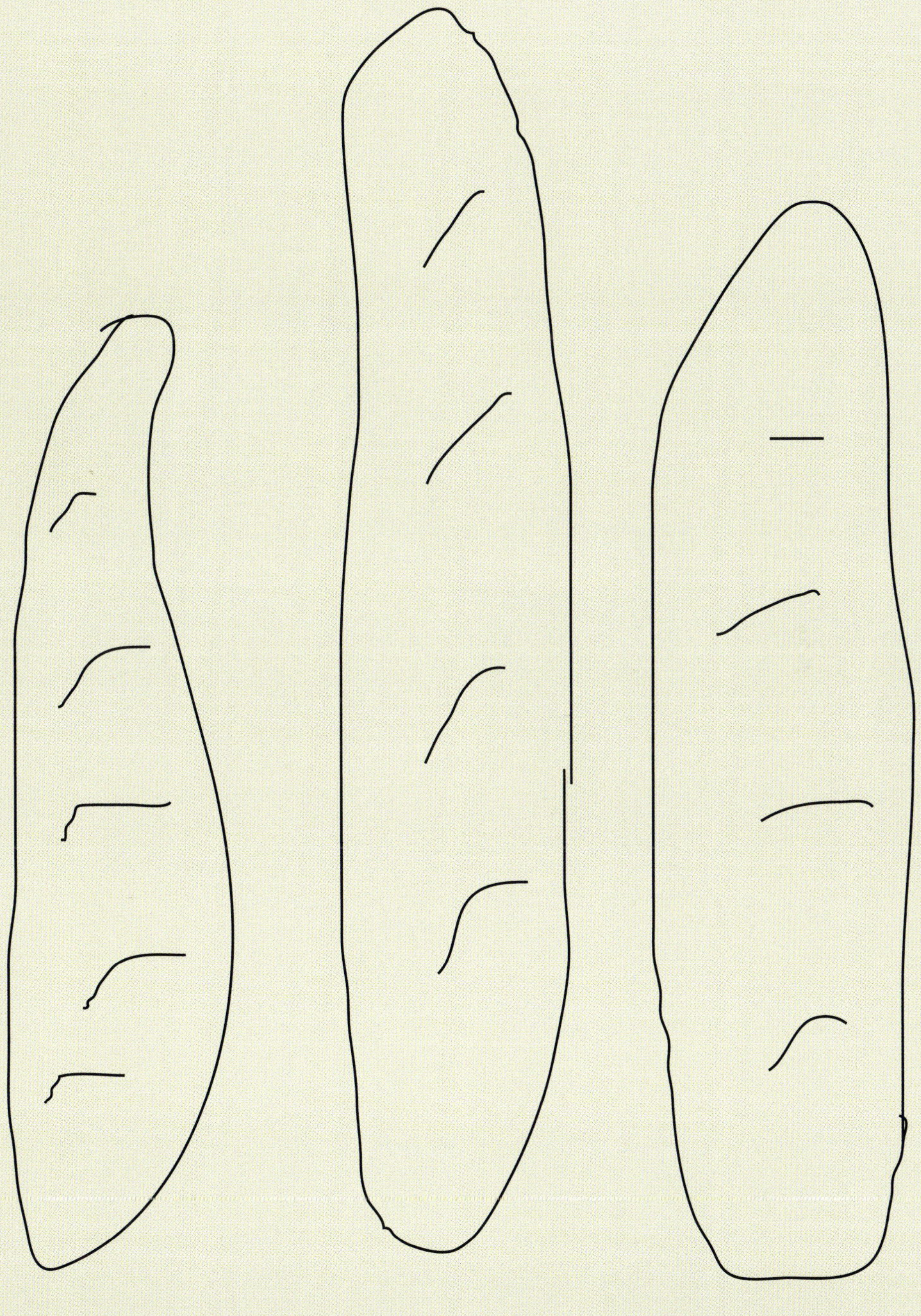

Grundrezept Baguette

Für 1 großes oder 2 etwas kleinere Baguettes

½ Würfel Hefe (21 g)
½ TL Zucker
500 g Weizenmehl Type 550 plus mehr zum Arbeiten
1 TL Salz
4 EL Olivenöl
Eiweiß zum Bestreichen

Zunächst die Hefe zusammen mit dem Zucker in 300 ml lauwarmem Wasser auflösen und etwa 10 Minuten ruhen lassen, bis die Hefe geht. Dann mit dem Mehl und den übrigen Zutaten rasch verkneten. Etwa 1 Stunde ruhen lassen, bis sich der Teig verdoppelt hat.

Den Backofen auf 220 °C Ober-/Unterhitze vorheizen.

Den Teig auf ein bemehltes Backblech legen, zu einer langen Rolle formen und zweimal in sich verdrehen. Erneut etwa 15 Minuten gehen lassen.

Danach mit Eiweiß bestreichen. Das Brot auf der mittleren Schiene im vorgeheizten Backofen etwa 25 Minuten goldbraun backen. Wer es richtig knusprig möchte, stellt während des Backvorgangs noch eine Schale mit Wasser unten in den Ofen.

Tipp
Es handelt sich hier um ein Grundrezept für ein »Quick & Dirty«-Baguette. Wenn ihr etwas mehr Zeit habt, könnt ihr die Hefemenge reduzieren und dafür die Gehzeit verlängern. Außerdem könnt ihr die Mehlsorten variieren oder auch Kräuter zugeben. Bei uns in der Familie ist eine Mischung aus je zur Hälfte Weizenmehl Type 405 und Weizenvollkornmehl sehr beliebt.

Kräuterbutter-Baguette

Marmeladenglas-Momente nennt man diese besonders schönen Momente, die man für immer festhalten möchte. Die Momente, die man in ein Glas mit Schraubverschluss packen möchte, um sie immer wieder anzusehen, immer wieder dran zu riechen. Diese erste Kräuterbutter des Frühlings ist für mich Erinnerung an ein Wochenende voll von diesen Momenten. Nicht einfach nur Kräuterbutter im Glas, sondern echte Marmeladenglas-Kräuterbutter. Es stecken eben nicht nur Kräuter und Blumen aus der Maiwiese in ihr, sondern irgendwie dieses ganze wundervolle, sonnige, leichte und lachende Wochenende.

Gundermann – vielfach als Unkraut gefürchtet – hat übrigens einen angenehm bitteren Geschmack (ein bisschen wie Petersilie) und ist reich an Vitamin C. Die blauen Blüten sehen außerdem ausgesprochen hübsch auf der Butter aus. Meine Marmeladenglas-Wochenendfreundin war so begeistert, dass ich ihr ein Pflänzchen ausbuddeln musste – für ihren Garten.

Egal mit welcher Kräuterbutter, ist dieses Baguette ein toller Hingucker auf jedem Tisch und eine schöne Ergänzung für jede Grilltafel.

Zutaten

1 Baguette (siehe Grundrezept Seite 19; oder fertig gekauft)

Kräuterbutter
(siehe Rezepte auf Seite 23)
frisch gehackte Kräuter
(optional)

Das Baguette etwa alle 2 cm schräg einschneiden, dabei darauf achten, dass das Brot nicht ganz durchtrennt wird (etwa zwei Drittel tief). In jede Schnittstelle Kräuterbutter streichen. Optional, wenn es besonders schön aussehen soll, noch ein paar zusätzliche Kräuter in die Schnittstellen streuen.

Dann das Kräuterbaguette etwa 5 Minuten auf dem Grill oder im vorgeheizten Backofen bei 200 °C Ober-/Unterhitze rösten.

Frühlingswiesen-Kräuterbutter

Zutaten

Frühlingskräuter und essbare Blumen aus dem Garten nach Wahl (hier Salbei, Thymian, Oregano, Petersilie, Löwenzahn, Gänseblümchen und Gundermann)
250 g weiche Butter
1 TL grobes Meersalz
1 TL grober Pfeffer
Abrieb von 1 unbehandelten Zitrone

Außerdem
einige Tropfen Olivenöl (optional)

Alle Kräuter waschen, trockentupfen und fein hacken. Beim Löwenzahn können die Blätter sowie die abgezupften Blütenblätter verwendet werden. Zusammen mit allen übrigen Zutaten mit dem Knethaken der Küchenmaschine sorgfältig vermengen. Um die Butter etwas streichzarter zu machen, können nach Belieben ein paar Tropfen Olivenöl zugegeben werden.

Im Kühlschrank aufbewahrt, ist die Kräuterbutter theoretisch 1 Woche haltbar. Bei uns ist sie dann aber längst aufgegessen. Sie lässt sich auch super portionsweise einfrieren und bei Bedarf auftauen.

Klassische Kräuterbutter

Wem das mit dem Gundermann und den Gänseblümchen zu »verrückt« ist, für den habe ich hier ein ganz klassisches Rezept für Kräuterbutter ohne Blümchen.

Zutaten

1 Bund Petersilie
250 g weiche Butter
1 TL grobes Meersalz
1 TL grober Pfeffer
Abrieb von 1 unbehandelten Zitrone

Die Petersilie waschen, trockentupfen und fein hacken. Zusammen mit allen übrigen Zutaten mit dem Knethaken der Küchenmaschine sorgfältig vermengen.

Da diese Kräuterbutter zu so ziemlich allem passt (zum Beispiel auch super auf Steak), mache ich immer gleich die doppelte Menge und friere die Hälfte ein.

Mediterrane Crostini mit Hähnchen, Tomaten & Oliven

Knusprig geröstetes Baguette mit einem herrlich sommerlichen Belag aus Hähnchen und Oliven. Ein bisschen Urlaub auf Brot.

Zutaten

½ Baguette (selbst gemacht, siehe Grundrezept Seite 19; oder fertig gekauft)

1 Knoblauchzehe
3–4 in Öl eingelegte, getrocknete Tomaten
200–250 g Hähnchenbrust
Salz
frisch gemahlener schwarzer Pfeffer
Olivenöl zum Anbraten und Rösten
3–4 EL Oliven (schwarz oder grün)
2 EL Kapern oder Kapernäpfel
je 1 Zweig Thymian und Rosmarin, die Blättchen abgezupft

Zunächst das Hähnchen zubereiten. Dazu die Knoblauchzehe abziehen und in dünne Scheiben schneiden. Die getrockneten Tomaten in feine Streifen schneiden. Die Hähnchenbrust ebenfalls in schmale Streifen schneiden, salzen und pfeffern. Zusammen mit dem Knoblauch, den getrockneten Tomaten, den Kapern und den Kräutern in etwas Olivenöl in einer Pfanne von allen Seiten leicht anbraten.

In der Zwischenzeit das Baguette leicht schräg in Scheiben schneiden, mit Olivenöl bestreichen und im vorgeheizten Backofen bei 200 °C Oberhitze oder in einer Pfanne knusprig rösten.

Die einzelnen Baguettescheiben mit der Hähnchenbrust, dem Knoblauch, den Tomaten, den Kapern und den Oliven belegen und mit Thymian und Rosmarin bestreuen. Lauwarm oder kalt genießen.

Crostini mit Oliven-Tapenade

Das hier ist sozusagen so was wie ein altes Familiengeheimrezept. Meine Mama hat es aus einem Urlaub in der Provence mitgebracht und häufig mit frischem Baguette zum Sekt oder Wein gereicht. Die Zutaten für die Tapenade hat man eigentlich immer im Haus – und in Sekundenschnelle ist damit ein fantastischer Aufstrich gemacht, der zusammen mit (frischem) Baguette und Wein den Abend retten kann.

Zutaten

½ Baguette (selbst gemacht, siehe Grundrezept Seite 19; oder fertig gekauft)

100 g schwarze Oliven (4 EL)
100 g Mandelkerne (4 EL)
4 Sardellenfilets
6 EL Olivenöl

Alle Zutaten in einen Mixer geben und zu einer homogenen Masse verarbeiten und in ein schönes Schraubglas mit Deckel füllen.

Im Kühlschrank ist die Tapenade im verschlossenen Glas einige Tage haltbar.

Tipp
Die Rezepte meiner Mama kommen grundsätzlich ohne genaue Mengenangaben daher. Ich habe das Rezept für die Tapenade nach bestem Wissen und Gewissen in eine nachvollziehbare Form gebracht, möglicherweise macht es aber Sinn, den ein oder anderen EL Öl oder etwas mehr oder weniger Oliven oder Mandeln zu verwenden – je nach gewünschter Konsistenz.

Baguette

Crostini mit gerösteter Paprika, Sardellen & Kapern

Diese gerösteten Weißbrotscheiben sind schnell gemacht und unglaublich lecker. Mein unangefochtener Lieblingssnack im Urlaub.

Zutaten

½ Baguette (selbst gemacht, siehe Grundrezept Seite 19; oder fertig gekauft)

Olivenöl zum Rösten
geröstete Paprikaschoten (eingelegt fertig gekauft oder selbst gemacht, siehe Rezept unten)
Kapern
Sardellen (oder Anchovis)
Salz
frisch gemahlener schwarzer Pfeffer

Die Baguettescheiben in etwas Olivenöl in einer Pfanne oder im Backofen rösten.

Mit gerösteter Paprika, Kapern und Sardellen belegen. Salzen und pfeffern.
That's it. Muss nicht immer kompliziert sein ...

Tipp
Die Menge überlasse ich eurem Hunger bzw. der Anzahl der Hungrigen, die zu versorgen sind. Aus eigener Erfahrung kann ich sagen: Macht lieber ein paar Scheiben mehr.
Pro Baguettescheibe braucht ihr ¼–½ geröstete Paprika, 1 Sardellenfilet, 2–6 Kapern, Pfeffer und etwas Salz (Achtung, die Sardellen sind auch schon sehr salzig!).

Geröstete Paprika

Zutaten

2–3 rote Paprikaschoten

Die Paprikaschoten halbieren und entkernen. Unter dem Grill im Backofen bei 190 °C 15–20 Minuten garen, bis die Schale schwarz gebrannt ist. Sie lässt sich dann (unter fließendem kaltem Wasser) ganz leicht abziehen und die Paprika schmecken wunderbar süß.

CONSERVAS
ORTIZ
El Velero
ANCHOAS en aceite de oliva

Baked Beans

In einem Haushalt, der mindestens zu einer Hälfte schottisch ist, gehören »beans« zu den Grundnahrungsmitteln. Die Mädchen (und ja – auch mein Mann) lieben das Zeug aus der blauen Konservendose auf ungetoastetem Toast (echt labberig) – und es wird keinen wundern, dass ich schnell versucht habe, diesen britischen Klassiker gesünder und außerdem schmackhafter zu gestalten.
Das hier ist mein Rezept für leckere und gesunde Bohnen mit Kräutern und Tomaten (am liebsten aus dem Garten) auf Baguette.

Zutaten

1 Baguette (selbst gemacht, siehe Grundrezept Seite 19; oder fertig gekauft)

Olivenöl zum Anbraten
1 TL Harissapaste
(oder Tomatenmark, wenn ihr es nicht scharf mögt)
1 Dose (400 g) Cannellini-Bohnen
ca. 500 g Tomaten
(ich verwende möglichst verschiedene Sorten)
1 Handvoll frische Gartenkräuter (Salbei, Rosmarin, Thymian, Basilikum)
1 EL Aceto balsamico
½ TL Zucker
Salz
frisch gemahlener schwarzer Pfeffer

Etwas Olivenöl und die Harissapaste in einer Pfanne erhitzen und die Bohnen darin vorsichtig anbraten. Sobald sie etwas Farbe genommen haben, die Bohnen aus der Pfanne nehmen und beiseitestellen.

Die Tomaten waschen und den Stielansatz entfernen. Zwei Drittel der Tomaten in die Pfanne geben. Die Kräuter waschen, trockentupfen und fein hacken. Zwei Drittel davon zusammen mit dem Aceto balsamico sowie dem Zucker zu den Tomaten geben und 15–20 Minuten köcheln lassen.

Dann die Bohnen wieder hinzufügen, alles noch mal gut umrühren und mit Salz und Pfeffer abschmecken.

Zum Anrichten die verbliebenen rohen Tomaten aufschneiden und gemeinsam mit den restlichen Kräutern dekorativ in der Pfanne verteilen. Mit frischem Baguette servieren.

Freibad-Feeling

Ich liebe das kleine, charmante und inzwischen 50 Jahre alte Freibad, das hinter dem Deich direkt an der Elbe liegt, sehr. Wenn man über das Becken schaut, sieht man dahinter den gelben Drei-Meter-Sprungturm, dahinter die Elbe und wiederum dahinter den immer anderen norddeutschen Himmel. Der Sonnenaufgang, der sich hier zeigt, ist einer der schönsten, die ich kenne. Auf irgendeine Weise scheint mich der gelbe Sprungturm einladen zu wollen, von ihm in das flüssige Rot des Sonnenaufgangs zu springen.

Nicht nur einmal habe ich die Bademeister überredet, mich vor dem Beginn der Frühschwimmerzeit einzulassen, um diesen magischen Moment zu erleben. Die Atmosphäre so frühmorgens im Bad an der Elbe ist eine ganz besondere. Es herrscht vielleicht ein bisschen andächtige, vielleicht aber auch einfach nur morgenmuffelige Stille und Geschäftigkeit. Wasserabdeckungen werden entfernt, die Wasserqualität geprüft, der Saugroboter wird ausgesetzt und wieder eingeholt. Wenn die Dunkelheit sich langsam zurückzieht, werden Himmel und Wasser zunächst in rotes, etwas später in goldenes Licht getaucht. Mit etwas Glück fährt hinten auf der Elbe noch ein großer Pott vorbei. Die Kaffeemaschine gluckert leise und die Sonne klettert auf der anderen Seite der Elbe langsam an den Himmel. Dann irgendwann, wenn sie ganz am Himmel steht, kommen die ersten Frühschwimmer. Eine kleine, fast schon eingeschworene Gemeinschaft. Man kennt sich. Redet nicht viel, zieht seine Bahnen. Schnackt vielleicht später etwas unter der Dusche. Noch später kommen dann die Schulkinder. Der besondere Zauber der goldenen Stunde ist vorbei und das Leben im Freibad erwacht, atmosphärisch ist es dann ein Freibad, wie wir es alle kennen.

Benutzung der
Sprunganlagen
auf eigene
Gefahr

Grundrezept Bagels

Freibad macht nicht nur die Schwimmer hungrig, das wissen wir alle. Daher passen belegte Bagels (die optisch ein bisschen an den alten Rettungsring erinnern, der am Drei-Meter-Turm hängt) ganz wunderbar. Bei den Fotos, die ich für dieses Buch gemacht habe, um die besondere Stimmung des kostbaren Momentes, bevor die Sonne aufgeht, für euch einzufangen, ist Bademeister Ingo etwas nervös geworden. »Mädchen, mach man kein Unsinn«, murmelte er, als ich das Backblech mit den Bagels über die Kante des Beckenrandes und etwas später des Sprungturmes schob. Als ich es dann noch auf einem großen, schwarzen Schwimmreifen balancierte, schüttelte er nur noch stumm den Kopf.
Aber geschmeckt haben sie ihm, die Bagels.

Für 12 Stück

½ Würfel Hefe (21 g)
1 TL Zucker plus 2 EL für das Kochwasser
330 ml lauwarme Vollmilch
660 g Mehl
50 g weiche Butter
1 TL Salz
2 Eier
1 Eiweiß, verquirlt
Sesamsaat, Mohnsaat, Kürbiskerne oder andere Saaten/Kerne (optional) zum Bestreuen

Zunächst die Hefe mit 1 TL Zucker in der Milch auflösen und etwa 10 Minuten gehen lassen. Dann das Mehl, die weiche Butter, das Salz und die Eier zur Hefemilch geben und alles in der Küchenmaschine zu einem glatten Teig verkneten. Den Teig etwa 1 Stunde gehen lassen, bis sich sein Volumen etwa verdoppelt hat.

Danach den Teig in zwölf gleich große Teile teilen und zu Kugeln formen. Jeweils mit dem Finger ein Loch in die Mitte drücken und die Kugeln etwas darum kreisen lassen, um das Loch zu vergrößern. Nochmals 10 Minuten gehen lassen.

In der Zwischenzeit reichlich Wasser mit 2 EL Zucker in einem Topf zum Kochen bringen. Die Bagels darin ein paar Minuten ziehen lassen. Sobald sie nach oben »schwimmen«, mit dem Schaumlöffel herausnehmen und auf einem Kuchengitter abtropfen lassen. Dann auf einem Backblech nochmals 10 Minuten gehen lassen.

In der Zwischenzeit den Backofen auf 180 °C (Umluft) vorheizen.

Die Bagels mit dem Eiweiß bestreichen und optional mit Sesam, Mohn, Kürbiskernen oder anderen Saaten/Kernen bestreuen.
20–25 Minuten backen.

Anschließend auf einem Kuchengitter abkühlen lassen.

1,80

Bunte Bäder-Bagels

Der Belag ist kein Hexenwerk, ihr könnt euch an dem im Bild orientieren, aber auch jederzeit alles ersetzen. Ihr mögt keinen Gorgonzola? Milder Ziegenkäse, Brie oder Gewitterkäse passen ebenfalls ganz hervorragend zu Feigen. Ihr mögt keine Feigen? Versucht Beeren oder Mango ... Erlaubt ist, was schmeckt, und die Beläge dienen vor allem eurer Inspiration.

Ich hätte es selber nicht gedacht - aber eine vegane Mozzarella-Alternative selbst herzustellen, ist einfacher, als ihr glaubt, und einen Versuch wert. Inzwischen gehört dieser Mozzarella zu meinen absoluten Lieblingen auf dem Bagel.

Versucht außerdem, die »unsichtbare« Schicht unter dem Belag zu variieren. Butter, Erdnussbutter, Frischkäse, Senf – das verändert alles.

Belag-Variationen

Lachs / Gurke / mazerierte Zwiebel

Feige / Gorgonzola / geröstete Mandel

Tomate / Mozzarella / frische Kräuter

Schinken / Radieschen /Rucola

Erdnussbutter / Banane / Blaubeere

Käse / Birne / Pistazienkerne

Für die Caprese-Variationen

Frischkäse / (veganer) Mozzarella / Blaubeere

Frischkäse / (veganer) Mozzarella / Himbeere

Frischkäse / (veganer) Mozzarella / Erdbeere

Mangochutney / (veganer) Mozzarella / Mango

Veganer Mozzarella

2 EL Flohsamenschalen

100 g Cashewkerne

2 EL Zitronensaft

Salz

frisch gemahlener schwarzer Pfeffer

Die Bagels halbieren und mit Frischkäse oder Chutney bestreichen. Dann mit Mozzarella oder der veganen Alternative und Obst im Wechsel belegen und mit Salz und frisch gemahlenem schwarzen Pfeffer abschmecken. Als Topping eignen sich Honig oder Crema balsamico und Basilikum.

Für den veganen Mozzarella die Flohsamenschalen in 200 ml Wasser für 2 Stunden quellen lassen.

In der Zwischenzeit die Cashewkerne in eine Schale füllen und mit so viel heißem Wasser übergießen, dass sie ganz bedeckt sind. Ebenfalls quellen lassen.

Die Cashewkerne in ein Sieb abgießen und zusammen mit den gequollenen Flohsamenschalen, dem Zitronensaft, Salz und Pfeffer in einem Mixer zu einer homogenen Masse pürieren. Mit den Händen zu Kugeln formen und kühl stellen. Abgedeckt halten die Mazzarellakugeln sich im Kühlschrank ein paar Tage.

Caprese-Variationen mit veganem Mozzarella

Benutzung der
Sprunganlagen
auf eigene
Gefahr

À la Pissaladière

Pissaladière ist eigentlich eine Art französischer Zwiebelkuchen. Ich mag ihn sehr, da er mit wenigen Zutaten auskommt und trotzdem einen spannenden Geschmack bietet. Durch das lange, sanfte Garen entfalten die Zwiebeln einen wunderbar süßen Geschmack, der toll zu den salzigen Sardellenfilets kontrastiert. Im französischen Original hat der Kuchen einen Boden aus Mürbeteig – Baguette eignet sich aber auch hervorragend.

Zutaten

1–2 Baguettes (selbst gemacht, siehe Grundrezept Seite 19; oder fertig gekauft)

1 kg weiße Zwiebeln
Butter zum Anschwitzen
20 Sardellenfilets
10–20 schwarze Oliven
frisch gemahlener schwarzer Pfeffer

Zunächst die Zwiebelmasse vorbereiten. Das ist tränenreich, aber nicht wirklich kompliziert. Die Zwiebeln abziehen, vierteln und in Scheiben schneiden. In der Butter in einer Pfanne auf mittlerer Stufe langsam glasig anschwitzen. Das dauert etwa 30–45 Minuten und erfordert etwas Geduld; die Zwiebeln sollen nicht braun, sondern nur weich und süß werden.

Den Backofen auf 200 °C Ober-/Unterhitze vorheizen.

Das Brot der Länge nach in zwei Hälften schneiden und die Zwiebeln auf den beiden Baguettehälften verteilen. Mit Sardellenfilets und Oliven belegen. Mit Pfeffer bestreuen und auf der mittleren Schiene im vorgeheizten Backofen etwa 20 Minuten überbacken.

Tipp
Ich salze die Baguettes zunächst nicht, da die Sardellen sehr salzig sind … Aber natürlich könnt ihr den Belag nach Belieben mit Salz abschmecken.

Mallorquinisches Baguette für viele Hungrige

Seit ich denken kann, sind meine Eltern mit uns nach Mallorca in den Urlaub gefahren. Dafür waren wir zwei Tage mit dem Auto unterwegs. Mein Papa am Steuer und meine Mama mit der Karte auf dem Schoß auf dem Beifahrersitz. Irgendwo in Frankreich wurde für eine Nacht haltgemacht (für uns als Kinder immer sehr, sehr aufregend), die zweite Nacht verbrachten wir auf der Fähre von Barcelona nach Palma de Mallorca (was natürlich noch aufregender war. Ich erinnere mich heute noch gut an die Geräusche des Hafens, das Geschrei der Männer, die die Autos auf die Fähre lotsten und das Einparken regelten. Der Geruch nach Meerwasser und Schiffsdiesel, fremde Sprache, fremde Menschen …).

Wenn die Fähre in den frühen Morgenstunden in Palma de Mallorca ankam, begann der letzte Teil der Reise. Fester Anlaufpunkt vor Bezug des Ferienhauses war immer eine kleine Bäckerei in Campos, in der es die besten Baguettes der Welt gab. Ich hatte sie nie zuvor so gesehen – ganz belassen und belegt, üppig mit Mayo bestrichen. Das beste Frühstück, das ich mir vorstellen konnte.

Ob es die Bäckerei noch gibt, weiß ich nicht … aber ich zeige euch gerne, wie man die Baguettes selbst macht.

Zutaten

mindestens 1 Baguette (selbst gemacht, siehe Grundrezept Seite 19; oder fertig gekauft)

6–8 EL Mayonnaise
6–8 Blätter grüner Blattsalat (z. B. Kopfsalat, Romana)
1 Fleischtomate, in Scheiben geschnitten
6–8 Anchovisfilets
2 hart gekochte Eier, in Scheiben geschnitten
2–3 TL Kapern
1 Paprikaschote, in Ringe geschnitten
Salz
frisch gemahlener schwarzer Pfeffer
Olivenöl zum Beträufeln

Zunächst das Baguette der Länge nach aufschneiden.

Beide Schnittseiten sehr großzügig mit Mayonnaise bestreichen.

Dann zuerst die Salatblätter auf dem Brot verteilen, im Anschluss die aufgeschnittenen Tomaten, die Anchovisfilets, die gekochten Eier, die Kapern und die in Ringe geschnittene Paprikaschote. Alles großzügig mit Salz und Pfeffer würzen und mit Olivenöl beträufeln. Zuletzt die Oberseite des Baguettes mit Mayonnaise bestreichen und wieder aufsetzen.

Alternativ das Baguette »open faced« belassen und sowohl Ober- als auch Unterseite wie beschrieben belegen (in diesem Fall braucht ihr die doppelte Menge Belag).

Fenchel-Aprikosen-Salat & Mandel-Salbei-Crunch

Ein Baguette mit einem Salat für die beste Zeit des Jahres, in der die Tage kein Ende nehmen und die Nächte kurz sind: Sommer! Vor allem die Zeit um Mittsommer, dem längsten Tag und der kürzesten Nacht des Jahres, finde ich immer besonders schön. Dieser Salat eignet sich perfekt, um ihn an lauen Sommerabenden mit einem Glas Wein im Garten, am Strand oder auf dem Balkon zu genießen. Er ist mit wenig Zutaten schnell gemacht – und holt die Jahreszeit geschmacklich perfekt auf den Teller.

Zutaten

1 Baguette (selbst gemacht, siehe Grundrezept Seite 19; oder fertig gekauft)

Für das Dressing
4 EL Olivenöl
2 EL Weißweinessig
2 TL Aprikosenkonfitüre
Salz
frisch gemahlener schwarzer Pfeffer

Außerdem
1 Fenchelknolle
3 Aprikosen
ca. 10 frische Salbeiblätter
Butter oder Olivenöl zum Braten
1 Handvoll Mandelkerne
Meersalz

Baguette/-s in Scheiben von etwa 1 cm Dicke schneiden.

Alle Zutaten für das Dressing in einem Schraubglas gründlich mischen. Den Fenchel und die Aprikosen waschen und fein würfeln. Mit dem Dressing zu einem Salat vermengen.

Für ein crunchy Topping die Salbeiblätter kurz in Butter oder Olivenöl knusprig braten und im Anschluss mit den Mandeln und 1 Prise grobem Meersalz im Mörser zerkleinern.

Etwa die Hälfte des Crunchs unter den Salat heben und die Baguettescheiben damit belegen. Die andere Hälfte des Crunchs als Topping darüber verteilen.

Pflaumen, Brombeeren, Kräuter & Käse

Ich liebe den Spätsommer. Es ist die Zeit, in der Zweige tief hängen und die Beete bunt sind. Bei uns im Alten Land gibt es jede Menge Brombeeren, die Sträucher vermehren sich wild und ungebremst entlang der Gräben und Fleete und hängen voll mit leckersten süßen Beeren. Sie zu ernten, ist durchaus eine Herausforderung, denn die Biester sind ganz schön stachelig (wahrscheinlich eine alte schottische Sorte). Sie, einmal gepflückt, mit Kräuterbutter und Nüssen auf ein Baguette zu legen, ist dafür umso einfacher.

Zutaten

2 Baguettes (selbst gemacht, siehe Grundrezept Seite 19; oder fertig gekauft)

50 g Kräuterbutter
50 g Frischkäse
150 g Brombeeren und/oder Pflaumen
1 Rolle Ziegenkäse (oder 150–200 g weicher Ziegenkäse)
1 Bund frische Kräuter (Thymian, Salbei, Rosmarin)
1 Handvoll Nusskerne nach Wahl (z. B. Walnüsse, Haselnüsse, Mandeln)
Salz
frisch gemahlener schwarzer Pfeffer

Je ein Baguette der Länge nach aufschneiden. Das Obst waschen und trockentupfen. Die Pflaumen, so verwendet, halbieren und von den Kernen befreien. Eine Hälfte der Brote mit Kräuterbutter bestreichen, die andere mit Frischkäse. Dann beide Hälften mit Brombeeren und/oder Pflaumen und Ziegenkäse belegen. Mit reichlich Nüssen und Kräutern bestreuen, salzen und pfeffern.

Baguette/s unter dem Grill im Backofen bei 200 °C etwa 10 Minuten backen – oder kurz zum Überbacken auf den Grill legen.
Aber wie das geht, dürft ihr mich nicht fragen – das macht der Schotte.

STAUB

Brothuhn

Um ganz ehrlich zu sein, ist dieses Huhn nichts weiter als ein Baguette. Ein ziemlich schönes. Aber ein Baguette. »Veganes Huhn« wird es bei uns oft genannt. Ich erinnere mich noch gut daran, als ich es das erste Mal bei uns zu Hause – gebettet in glasierte Möhren und Rote Bete – auf den Tisch gebracht habe.

Es war so was wie ein, an einen Thanksgiving-Truthahn angelehnter, Scherz meinerseits. Der fleischliebende Teil der Familie konnte zunächst über die (im ersten Moment gelungene) Täuschung nicht so lachen wie ich. Dann aber probierte er doch das noch warme Brot mit selbst gemachter Aioli – und war versöhnt.

Ihr könnt den falschen Vogel im Sommer mit Salat oder im Winter mit Gemüse servieren. Ihr werdet feststellen, dass er viel einfacher geht als gedacht – und ein echter Hingucker auf dem Tisch ist. Ob Hauptgang oder Beilage, ist dabei natürlich euch überlassen. Immer schön dazu ist Aioli (siehe Rezept Seite 80) oder Hummus (siehe Rezept Seite 67) zum Eintunken der falschen Beinchen.

Zutaten

1 x Grundrezept Baguette (siehe Rezept Seite 19)

Den Teig wie im Grundrezept angegeben herstellen und abgedeckt 1 Stunde gehen lassen.

Anschließend den Teig auf eine bemehlte Unterlage geben und zu einer ovalen Kugel formen. Mit einem Teigschaber zunächst die »Flügel« abtrennen, dann die »Beine«.
Die »Flügel« etwas eindrehen und schräg auf die »Brust« ziehen. Danach die am unteren Teigende abgetrennten Teile zu »Beinen« formen und wieder ansetzen.

Den Backofen auf 220 °C Ober-/Unterhitze vorheizen.

Den Teig nochmals 15–20 Minuten gehen lassen. Dann gegebenenfalls die Form des Brothuhns etwas nachjustieren und es auf der mittleren Schiene im vorgeheizten Backofen 25–30 Minuten backen.

Tipp
Wer mag, kann unter den Teig ein Bund klein gehackte Kräuter mischen, dann wird es ein Kräuterhuhn. Soll der falsche Vogel dagegen die Optik eines Grillhähnchens erhalten, vor dem Backen mit einer Glasur aus je 1 TL gemahlenen Kreuzkümmelsamen und geräuchertem Paprikapulver sowie 2 EL Olivenöl einpinseln.

Weißbrot kann helles Weizenbrot sein. Oder eine saftige Brioche. Oder Sandwichbrot.

Oder, oder, oder …

Weißbrot

Grundrezept Weißbrot

Zutaten für 1 Kastenbrot

½ Würfel Hefe (21 g)
500 g Weizenmehl Type 550
plus mehr zum Arbeiten
15 g Salz
15 g Zucker
300 ml Wasser
50 g Butter

Zunächst die Hefe in etwas Wasser auflösen. Das Mehl, das Salz und den Zucker in einer großen Schüssel vermengen, dann Wasser und die aufgelöste Hefe zugeben und alles zu einem geschmeidigen Teig verkneten. Den Teig abgedeckt etwa 1 Stunde gehen lassen.

Dann den Teig auf eine bemehlte Arbeitsfläche geben und länglich einschlagen. Mit der glatten Seite nach oben in eine bemehlte Kastenform geben. 1 weitere Stunde abgedeckt gehen lassen.

Anschließend das Brot im vorgeheizten Backofen auf der mittleren Schiene bei 180 °C Ober-/Unterhitze (oder 160 °C Umluft) 40 Minuten backen.

Aus der Form stürzen und auf einem Kuchengitter vollständig abkühlen lassen.

Grundrezept Brioche

Wenn ihr ein wundervolles Frühstück noch ein bisschen wundervoller machen möchtet, backt ihr eine frische Brioche. Allein der Duft wird alle verzücken. Es liegt ganz bei euch, ob ihr einen Laib oder einen Zopf daraus macht. Oder viele kleine Brötchen. Was dazu passt? Butter. Aufgeschlagene Butter. Mit etwas Meersalz. Oder Konfitüre. In allen Farben.

Zutaten für 1 Kastenform

30 g frische Hefe
125 ml lauwarme Vollmilch
80 g Zucker
200 g weiche Butter
Abrieb von 1 unbehandelten Zitrone
5 Eier
Salz
530 g Mehl

Außerdem
1 Eigelb
1 EL Vollmilch

Zunächst die Hefe mit der Milch und 1 EL Zucker glatt rühren.

Die Butter, den übrigen Zucker und den Zitronenabrieb verquirlen, dann nach und nach die Eier zugeben. Mit dem Knethaken das Mehl, die Hefemilch und 1 Prise Salz unterrühren und alles zu einem glatten Teig verkneten. Diesen abgedeckt 1 Stunde gehen lassen.

Den Backofen auf 180 °C Umluft vorheizen.

Den Teig nochmals durchkneten, in eine Kastenform geben und erneut 30 Minuten gehen lassen.

Danach das Eigelb und die Milch verquirlen und die Brioche damit einstreichen. Die Brioche auf der mittleren Schiene im vorgeheizten Backofen bei 180 °C 10 Minuten und dann bei 160 °C weitere 35 Minuten backen.

Anschließend herausnehmen und auf einem Kuchengitter abkühlen lassen.

Tipp
Anstelle einer großen Brioche könnt ihr auch zwölf kleine Exemplare (in Brioche- oder Muffinformen) backen. Die Backzeit verkürzt sich dann auf 15–20 Minuten.

Aprikosenkonfitüre mit Frischkäse

Wenn dir eine Freundin Konfitüre schenkt – schmier ihr 'ne Stulle! Diese hier ist für Bella, die mir ein Glas ihrer köstlichen Aprikosenkonfitüre schenkte. Konfitüre ist eine ganz wunderbare Möglichkeit, den Sommer mit all seinen schönen Früchten, Aromen und Momenten ein wenig zu konservieren, um ihn dann in der grauen Jahreszeit wieder hervorzuholen. Hier zeige ich euch, wie. Ich denke nicht, dass diese Stulle einer Erklärung bedarf. Es geht mir vielmehr darum zu zeigen, wie schlicht und schön ein Nullachtfünfzehn-Marmeladenbrot daherzukommen vermag. Danke für die Konfitüre, Bella.

Zutaten

2 Scheiben Weißbrot oder Brioche

4 EL Frischkäse
4 TL Aprikosenkonfitüre (siehe Grundrezept Seite 162)
2 Aprikosen
100 g Himbeeren
1 Zweig Thymian, die Blätter abgezupft
1 Stängel Salbei, die Blätter abgezupft

Beide Brotscheiben nach Belieben toasten und mit Frischkäse und Aprikosenkonfitüre bestreichen.

Die Aprikosen und Himbeeren waschen und trockentupfen. Die Aprikosen halbieren und von ihrem Stein befreien. In schmale Spalten schneiden und die Brote fächerförmig damit belegen. Mit Thymian- und Salbeiblättchen garnieren.

Spargel mit Aprikosen & Erdbeeren

Ich liebe grünen Spargel, und ist es nicht großartig, wie knackig er ist und dass man ihn sogar roh essen kann? Bei schwarzem Spargel handelt es sich eigentlich um weißen Spargel, der jedoch durch Kontakt mit Sonnenlicht den Farbstoff Anthocyan gebildet hat. Geschmacklich ähnelt er dem grünen Spargel.
Man bekommt ihn nicht allzu oft, sodass ich mich immer freue, wenn ich welchen auf dem Markt ergattern kann.

Zutaten

4 Scheiben Weißbrot

2–3 Aprikosen
5–6 Erdbeeren
je 4 Stangen grüner und schwarzer Spargel
Olivenöl zum Beträufeln
Salz
frisch gemahlener schwarzer Pfeffer
Thymian, Minze, Lavendel, fein gehackt

Das Obst sowie die Spargelstangen waschen und in Scheiben bzw. Spalten schneiden.
Das Brot toasten und mit Olivenöl beträufeln. Etwas salzen und pfeffern und dann mit dem Spargel und dem Obst belegen.

Mit Salz und Pfeffer abschmecken sowie mit Kräutern bestreuen.

Tipp
Ich esse grünen Spargel am liebsten roh. So habe ich ihn auch in diesem Rezept verwendet. Wenn ihr das nicht so gerne mögt, könnt ihr ihn ebenso gut kurz in kochendem Wasser blanchieren oder in einer Pfanne etwas anbraten. Wichtig ist, dass er knackig bleibt. Fantastisch zu dieser Stulle passt Burrata.

Gekräuterte Auberginen & Hummus

Hach. In Kräutern angebratene Auberginen, Hummus, getoastetes Brot. Hach.

Zutaten

2 Scheiben Weißbrot

3–4 Baby-Auberginen (oder 1 normal große)
Salz
2 kleine Bund Kräuter nach Wahl
1–2 EL Olivenöl
2–4 EL Hummus (siehe Rezept unten)

Zuerst die Baby-Auberginen waschen und der Länge nach halbieren (oder normal große Exemplare in Scheiben schneiden). Die Schnittflächen kreuzförmig einschneiden und mit etwas Salz bestreuen. Die Kräuter waschen, trockentupfen und fein hacken. Das Salz von den Auberginen abwaschen und diese ebenfalls trockentupfen.

Das Olivenöl in einer Pfanne erhitzen, zunächst die Kräuter, dann die Toastbrotscheiben zugeben. Den Toast von beiden Seiten im Kräuteröl anbraten. Dann aus der Pfanne nehmen und auf einem Teller anrichten. Mit Hummus bestreichen.

Die Auberginen in die Pfanne geben und von beiden Seiten ein paar Minuten anbraten. Zuletzt auf die Toasts legen und mit etwas Salz bestreuen.

Hummus

Die Menge hier reicht für mehr als zwei Stullen – kann aber auch hervorragend als Dip zu Rohkost oder als Teil einer Mezzeplatte verwendet werden. Abgedeckt hält der Hummus sich im Kühlschrank ein paar Tage.

Zutaten für 1 Glas

1 Glas Kichererbsen (400 g)
2–3 Knoblauchzehen, abgezogen
Saft von 1 Zitrone
2 EL Tahini (Sesampaste)
2 TL gemahlener Kreuzkümmel
1 Prise Salz
60 ml Olivenöl

Die Kichererbsen in ein Sieb abgießen, unter fließendem Wasser abwaschen und am besten von ihren Häutchen befreien (siehe Tipp unten). Abtropfen lassen und zusammen mit allen übrigen Zutaten und 60–120 ml eiskaltem Wasser in einem Mixer zu einer geschmeidigen Masse verarbeiten. Fertig.

Tipp
Wirklich cremig wird der Hummus, wenn ihr die Kichererbsen schält. Das klingt nach einem schrecklichen Aufwand, ist aber gar nicht so schlimm. Ihr gebt sie dazu einfach in eine Schale mit kaltem Wasser und schubbert die Dinger ein wenig aneinander. Die Schalen treiben nach oben und können ganz leicht abgeschöpft werden.

Regenbogentoast mit Kichererbsen

Zutaten

2 Scheiben Weißbrot

100 g Kichererbsen
(aus dem Glas)
¼ TL gemahlener
Kreuzkümmel
¼ TL Pul Biber (Chiliflocken)
¼ TL Salz
1 EL Olivenöl
1 Handvoll Rucola
2 EL Hummus
(siehe Rezept Seite 67)
2 EL Rotkohl-Slaw
(siehe Rezept Seite 177)
1 EL Möhrensalat
(siehe Rezept Seite unten)

Zunächst die Kichererbsen waschen und abtropfen lassen. Mit den Gewürzen und dem Salz im Olivenöl in einer Pfanne hell anrösten (Achtung! Nicht zu heiß werden lassen, dann fangen sie an zu poppen). Alternativ kann dies im Ofen gemacht werden, dann dauert das Rösten bei 200 °C Ober-/Unterhitze 10–15 Minuten.

In der Zwischenzeit den Rucola waschen und trockentupfen. Das Toastbrot in einer weiteren Pfanne rösten und auf einem Teller platzieren. Den Hummus darauf verteilen und dann die übrigen Zutaten aufschichten. Die Reihenfolge ist dabei eigentlich unerheblich.

Möhrensalat

Zutaten für 1 Portion

250 g Möhren (ca. 2 Stück)
1 EL Pflanzenöl
1 TL Honig (oder Ahornsirup für die vegane Variante)
2 Spritzer Zitronensaft
Salz
frisch gemahlener schwarzer Pfeffer

Die Möhren schälen und in kleine Stücke hobeln oder stifteln.
Das Öl, den Honig und den Zitronensaft in einer Schüssel vermengen, die Möhren unterheben und mit Salz und Pfeffer abschmecken.

Tipp
Für einen asiatischen Touch könnt ihr etwas frisch gehobelten Ingwer zugeben, für etwas Levante-Feeling Kurkuma und Kardamom oder Kreuzkümmel.

Pamboli mit Fonoll Marí – Brot mit Fleischtomate & gebratenem Meeresfenchel

Im Garten meiner Mutter auf Mallorca wächst Meeresfenchel (Fonoll Marí) wie Unkraut. Meist wird er in Essig eingelegt, aber ich liebe den ungewöhnlichen und sehr besonderen Geschmack des mediterranen Gewächses auch frisch sehr und lasse keine Gelegenheit aus, es zu essen.

Und wisst ihr, was? Ich konnte sogar unsere Töchter für das gesunde Kraut begeistern, seit ich ihnen erzählt habe, dass die Seeleute – und damit ja auch die Piraten und damit ja wiederum auch Pippi Langstrumpf (ganz klare Kinderlogik) – das Kraut gerne gegessen haben, weil es reich an Vitamin C ist …
Und was Pippi isst, kann nur gut sein.

Zutaten

2 Scheiben Weißbrot oder
4 Scheiben Baguette

Olivenöl zum Beträufeln und Anrösten
1 große Fleischtomate
1 Bund Meeresfenchel (Fonoll Marí)
Fleur de Sel
frisch gemahlener schwarzer Pfeffer

Die Brotscheiben in einer Pfanne rösten und im Anschluss mit Olivenöl beträufeln.

Die Tomate waschen, halbieren, vom Stielansatz befreien und in Scheiben schneiden. Auf das Brot legen.

Den Meeresfenchel waschen, trockentupfen und in etwas Olivenöl in einer Pfanne kurz anrösten (Vorsicht! Das spritzt). Auf den Tomatenscheiben verteilen und mit Fleur de Sel und Pfeffer bestreuen.

Tipp
Pamboli (Pa amb oli) ist übrigens mallorquinisch und heißt so viel wie »Brot mit Öl«.
Es ist auf der Mittelmeerinsel ein Klassiker und seine korrekte Zubereitung eine Wissenschaft.

Focaccia

Focaccia ist ein schnell gemachtes, fluffig-saftiges italienisches Brot, das durch den Belag mit verschiedenen Kräutern, Gemüse oder Obst unglaublich vielfältig ist. Ganz klassisch wird es mit Tomaten und Rosmarin belegt. In den letzten Jahren entwickelte sich auf Social Media der Trend der »Flower Focaccia« oder auch »Garden Focaccia«, bei dem mit verschiedenen Zutaten wunderschöne Bilder auf den Teig gemalt werden. Ein absoluter Hingucker auf jedem Tisch.

Ihr könnt also frei variieren, je nachdem, was ihr gerne mögt, was gerade Saison hat, was euch gefällt. Ich gebe euch zum Grundrezept ein paar saisonal inspirierte Anregungen. Um ausreichend Platz zum Gestalten zu haben (die Maße eines ganzen Backblechs eignen sich hervorragend), zunächst die im Grundrezept angegebene Teigmenge verdoppeln.

Zutaten für 1 Brot

½ Würfel Hefe (21 g)
1 TL Zucker
250 g Weizenmehl Type 550
50 ml Olivenöl plus mehr zum Arbeiten (optional)
15 g Salz
Meersalzflocken

Außerdem
Belag nach Wahl (Kräuter, Gemüse oder Obst; Inspiration hierzu findet ihr in den Rezepten auf Seite 74 und 75; erlaubt ist, was euch schmeckt)

Die Hefe mit dem Zucker in 150 ml lauwarmem Wasser auflösen. Mit dem Mehl, dem Olivenöl und dem Salz rasch zu einem glatten Teig verkneten. Zugedeckt an einem warmen Ort etwa 1 Stunde gehen lassen, bis sich der Teig etwa verdoppelt hat.

Dann den Teig – am besten mit eingeölten Händen – in eine flache Backform oder auf ein Backblech rutschen lassen und mit den Händen vorsichtig ausbreiten. Dabei mit den Fingern kleine Mulden in den Teig drücken. Die Focaccia nach Wahl belegen.

Den Backofen auf 180 °C Ober-/Unterhitze vorheizen.

Die Focaccia erneut etwa 30 Minuten gehen lassen.

Anschließend mit Meersalzflocken bestreuen und auf der mittleren Schiene im vorgeheizten Backofen 20–25 Minuten backen.

Frühling

Zutaten

Bete
Möhren
Radieschen
grüner Spargel
Kräuter

Als Belag eignet sich alles, was der Garten im Frühjahr hergibt; ich nutze möglichst kleine Bete, Radieschen und Möhren. Die etwas größeren Exemplare halbiere ich der Länge nach. Das Belegen ist ganz einfach: Die Wurzeln nach unten, das Grün nach oben. Das Grün des Gemüses eignet sich hervorragend als Blattwerk für die Focaccia; am besten streicht ihr die kleinen Blätter vor dem Backen ein wenig mit Olivenöl ein, dann werden sie schön knusprig.

Sommer

Zutaten

Tomate
Meeresfenchel

Besonders eignen sich zum Belegen natürlich schöne Tomaten, kleine bunte oder auch Cœur de Bœuf zum Beispiel. Meine Focaccia entstand im Sommerurlaub in Spanien. Schönste und saftigste Tomaten gibt es dort fraglos in Hülle und Fülle. Darüber hinaus ist der Garten meiner Mama dort voll von aromatischem Meeresfenchel, sodass ich diesen als Belag wählte. Solltet ihr die Gelegenheit haben, an Meeresfenchel zu kommen – probiert ihn auf jeden Fall, der Geschmack ist unvergleichlich. Wenn ihr keinen bekommt, könnt ihr gut Fenchelblüten, Rosmarin oder andere mediterrane Kräuter verwenden.

Herbst

Zutaten

Apfel
Salbei

Eine Focaccia mit Äpfeln plus Salbei oder auch mit Äpfeln, Zwiebeln, Walnüssen und Salbei ist im Herbst im Alten Land einfach unverzichtbar. Die Äpfel schmecken auf dem Brot schön säuerlich, und wenn man das Glück hat, an eine rotfleischige Sorte zu kommen, sieht es gleich noch mal so schön aus.

Winter

Zutaten

Grünkohl
Weintrauben
Walnüsse

Eins meiner liebsten Gemüse im Winter ist Grünkohl. Ich mag ihn vor allem roh, als Salat. Oder aber in Form von Chips. Die bekommt man automatisch, wenn man den Grünkohl als Belag für die Focaccia verwendet. Hierzu den Grünkohl in feine Streifen schneiden, etwas Salz und Olivenöl hinzufügen und mit den Händen in den Kohl einmassieren. Dann ab damit auf den Teig. Hervorragend dazu passen süße Weintrauben und Walnüsse.

Sandwich mit Schinken & Burrata

Zutaten

2 Scheiben Weißbrot

2 EL Basilikumpesto
1 Handvoll Rucola
2 Scheiben Kochschinken
1 Kugel Burrata
6 in Öl eingelegte getrocknete Tomaten (optional)
Salz
frisch gemahlener schwarzer Pfeffer

Beide Brotscheiben nach Belieben toasten und mit Pesto bestreichen.

Der Rest ist fast selbsterklärend. Den Rucola waschen, trockentupfen und auf einer der beiden Brotscheiben verteilen. Dann den Schinken, die mit den Fingern leicht auseinandergezogene Burratakugel und nach Belieben die getrockneten Tomaten daraufschichten. Mit Salz und Pfeffer bestreuen.

Tipp
Das Basilikumpesto könnt ihr fertig kaufen oder selbst herstellen. Verwendet dazu einfach das Rezept für das Salbeipesto auf Seite 135, ersetzt dabei aber natürlich die Salbeiblätter durch frisches Basilikum. Köstlich!

Steak-Sandwich – 2 Variationen

Zutaten

4 Scheiben Weißbrot

1 unbehandelte Orange
1 Bund Frühlingszwiebeln
1 Rindersteak (250 g)
Olivenöl zum Anbraten
Salz
frisch gemahlener schwarzer Pfeffer
1 TL Sojasauce
½ frische rote Chili, in Ringe geschnitten
½ TL Ingwer, gerieben
1 Handvoll Granatapfelkerne
1 TL Ahornsirup

Die Orange waschen, trockentupfen und in Scheiben schneiden. Die Frühlingszwiebeln waschen und in Ringe schneiden, die in etwa so lang wie die Brotscheiben sind.

Das Steak in etwas Olivenöl in einer Pfanne auf hoher Stufe von beiden Seiten anbraten – nach Belieben rare, medium oder welldone. Ich bevorzuge für dieses Sandwich »medium«, das Fleisch ist also innen noch etwas rosa. Das Fleisch aus der Pfanne nehmen und in etwa 1 cm dicke Streifen schneiden. Etwas salzen und pfeffern.

Die Frühlingszwiebeln mit den Chiliringen und dem geriebenen Ingwer in die Pfanne geben und knusprig anbraten. Mit der Sojasauce ablöschen und die Hälfte der Steakstreifen hinzugeben.

Die Orangenscheiben, die Granatapfelkerne und den Ahornsirup in einer weiteren Pfanne erhitzen und ein wenig einreduzieren lassen. Dann die andere Hälfte der Steakstreifen hinzufügen.

Die Steakstreifen mit dem Obst auf einer Scheibe Brot anrichten, eine zweite Scheibe darauflegen. Die Steakstreifen mit dem Gemüse auf der dritten Scheibe Brot anrichten, die vierte Scheibe darauflegen.

Tipp
Das Rezept ist leichter zu veganisieren, als ihr vielleicht denkt: Ersetzt einfach das Steak durch Tofu.

Toast »Caesar Salad«

Zu einem echten Caesar Salad gehören normalerweise Croûtons und dieses ganz besondere Dressing aus Parmesan, Ei und Öl. Eigentlich gibt es daran nichts zu rütteln. Für diese Stulle habe ich ein bisschen geschummelt, was die Zubereitung erleichtert, dem Geschmack aber keinerlei Abbruch tut, im Gegenteil. Seht selbst.

Das knusprig geröstete Brot findet ihr einfach unter dem Salat. Außerdem habe ich den klassischen Römersalat gegen den geschmacklich etwas kräftigeren Rucola ausgetauscht, aber das überlasse ich ganz euch. Das klassische Dressing wurde durch Aioli ersetzt, dafür die Hähnchenbrustfilets in Honig und Knoblauch gebraten.

Zutaten

2 Scheiben Weißbrot

200 g Hähnchenbrustfilet
Salz
frisch gemahlener schwarzer Pfeffer
Olivenöl zum Anbraten
2 Knoblauchzehen, abgezogen
2 EL Honig
2 EL Aioli (fertig gekauft oder selbst gemacht, siehe Rezept unten)
100 g Rucola
(oder Römersalat)
50 g Parmesan

Für die Aioli
250 ml neutrales Rapsöl
1 Ei
1 EL Weißweinessig
1 TL Zucker
½ TL Salz
1 TL Senf
2–3 Zehen Knoblauch

Das Hähnchenbrustfilet in feine Streifen schneiden und mit Salz und Pfeffer in etwas Olivenöl in einer Pfanne anbraten.
Die Knoblauchzehen mit der flachen Seite eines Messers leicht zerdrücken und ebenfalls in die Pfanne geben. Den Honig hinzufügen und das Hähnchen darin karamellisieren lassen.

Dann das Hähnchen aus der Pfanne nehmen und die Brotscheiben darin von beiden Seiten kurz anrösten. Auf einen Teller legen und je 1 EL Aioli darauf verstreichen.

Den Rucola waschen, trockentupfen und auf den Broten verteilen. Das Hähnchen darauf anrichten und mit reichlich frisch gehobeltem Parmesan bestreuen.

Für das Gelingen der Aioli ist es wichtig, dass die Zutaten etwa die gleiche Temperatur haben. Die Knoblauchzehen abziehen und grob hacken. Mit Ei, Essig, Zucker, Salz und Senf in eine hohe Schüssel geben. Mit einem Stabmixer pürieren und dabei langsam das Rapsöl zufließen lassen. Weitermixen, bis die Masse steif ist. Die Aioli hält sich im Kühlschrank einige Tage.

Tipp
Tatsächlich hat sich bei uns zu Hause inzwischen die vegane Variante für Aioli durchgesetzt. Die Zutaten sowie die Zubereitung entsprechen dem »normalen« Rezept. Einziger Unterschied ist, dass das Ei durch 60 ml Aquafaba ersetzt wird.

Toast mit Rote Bete, Lachs & Ei

Diese Toasts eignen sich wunderbar für eine Platte für viele. Alle Zutaten passen geschmacklich toll zueinander und ihr könnt sie immer wieder neu variieren. Dadurch sieht jedes Brot anders aus und es ergibt sich ein hübscher Effekt auf der (hoffentlich großen) Platte. Die Mengenangaben der Beläge beziehen sich hier immer auf eine Scheibe Brot. Da es ja eine Platte mit vielen (verschieden belegten) Broten werden soll, müsst ihr die Mengen dann entsprechend der Personenzahl multiplizieren).

Zutaten

2 Scheiben Weißbrot
pro Person

3–4 TL Senf
geräucherter Lachs,
in Scheiben geschnitten
1 hart gekochtes Ei, halbiert,
geviertelt oder in Scheiben
geschnitten
1 EL glatte Petersilie, gehackt
½ Knolle Rote Bete (vorgegart), in Scheiben geschnitten
1–2 EL Rote-Bete-Meerrettich-Creme (siehe Rezept Seite 166)
mazerierte Zwiebeln
(siehe Rezept unten)
1 EL Kapern
100 g Rucola
(oder Römersalat)

Für 1 kleines Glas mazerierte Zwiebeln

2 rote Zwiebeln
1 EL Senfkörner
50 ml Weißweinessig

Beim Anrichten der Fantasie freien Lauf lassen, es empfiehlt sich lediglich, mit dem Senf zu beginnen, dann eine feste Komponente (Rote-Bete-Scheiben oder Lachs) folgen zu lassen und zuletzt die Eier zu platzieren. Auch das Topping ist ganz dem persönlichen Geschmack überlassen.

Für die mazerierten Zwiebeln die Zwiebeln abziehen, schälen und in feine Ringe schneiden. Die Senfkörner und den Essig in das Glas geben. Die Zwiebelringe einfüllen, mit so viel Wasser aufgießen, dass sie vollständig bedeckt sind, und 15 Minuten ziehen lassen.
Die mazerierten Zwiebelringe halten sich im Kühlschrank 2-3 Tage.

Tipp

Ich habe hier die Brote zunächst mit der Rote-Bete-Meerrettich-Creme bestrichen und darauf Rote-Bete-Scheiben, Ei, gehackte Petersilie und Zwiebeln geschichtet. Auch köstlich ist es, die Brote zunächst mit Senf zu bestreichen (ich mag am liebsten Honigsenf, der Schotte steht auf scharf), dann mit Rote Bete und/oder Lachs zu belegen, darauf Ei und obenauf Zwiebelringe, Petersilie und Kapern zu verteilen.

Curry-Hähnchen-Sandwich

Ihr kennt die bestimmt auch – diese fertig abgepackten Sandwiches, die man im Supermarkt oder an Bahnhöfen kaufen kann. Ich finde, sie sehen immer so verlockend aus, halten aber selten, was sie versprechen. Das Sandwich hier hält alle Versprechen. Versprochen.

Zutaten

4 Scheiben Weißbrot

4 Salatblätter (Kopfsalat)
25 g Mandelstifte
4 EL Mangochutney
½ EL Madras-Currypulver
1 EL Crème fraîche
½ Grillhähnchen
1 Aprikose
½ Bund Frühlingszwiebeln
50 g Sultaninen

Die Salatblätter waschen, trockentupfen und beiseitestellen. Die Mandelstifte ohne Fettzugabe in einer Pfanne rösten, bis sie braun sind.

Für das Curry-Hähnchen in einer großen Schale das Mangochutney mit dem Curry und der Crème fraîche vermengen. Das Hähnchen in mundgerechte Stücke zerteilen, ebenfalls in die Schale geben und alles vermengen.

Die Aprikose und die Frühlingszwiebeln waschen. Die Aprikose in Würfel und die Frühlingszwiebeln in Ringe schneiden. Zusammen mit den Sultaninen und den Mandelstiften ebenfalls in die Schale geben und alles vermengen.

Auf die Hälfte der Brotscheiben je ein Salatblatt legen, 2–3 EL Hähnchensalat darauf verteilen und mit je einem Salatblatt und einer weiteren Scheibe Weißbrot zusammenklappen. Die fertigen Sandwiches aufeinanderlegen und diagonal halbieren. Dank der Salatblätter weicht das Curry-Hähnchen das Brot nicht auf, weswegen das Sandwich auch wunderbar zum Mitnehmen geeignet ist.

Egg in a hole

Toast mit Ei und Bacon ist das, also DAS liebste Frühstück meines Schwiegervaters. Und nicht nur seines, sondern auch das meiner Kinder. Ich bin mir sicher, sie können den Moment spüren (oder möglicherweise riechen), in dem eines der Eier von Greta oder Coco Caramel oder auch Flocke in die Pfanne geschlagen wird, denn sie versuchen dann immer, ihrem Opa sein Frühstück abspenstig zu machen. Wer Egg in a hole je selbst probiert hat, versteht das sicher sofort. Und: Das Rezept ist kinderleicht.

Zutaten

2 Scheiben Weißbrot

3–4 Scheiben Bacon
2 EL Ahornsirup
2 EL Butter
1 Ei
Salz
frisch gemahlener schwarzer Pfeffer

Mit einem Glas aus einer der Brotscheiben ein Loch ausstechen.

Den Bacon in einer Pfanne schön knusprig anbraten. Den Ahornsirup hinzufügen, dann karamellisiert der Speck leicht und erhält damit noch einen ganz besonderen Twist. Den Bacon aus der Pfanne nehmen und beiseitestellen.

Die Butter in derselben Pfanne erhitzen und das Brot darin 1–2 Minuten rösten. Beide Brotscheiben wenden, das Ei in das Loch der einen schlagen und mit Salz und Pfeffer würzen. Ist das Ei fertig gegart, den Bacon auf die andere Toastscheibe legen und die Toastscheibe mit dem Ei darin wiederum auf den Bacon.

Tipp
Egg in a hole ohne die in Großbritannien berühmte Daddies-Brown-Sauce ist in unserer Familie nicht denkbar. Ihr könnt das natürlich halten, wie ihr möchtet. Lasst euch jedenfalls nicht alles wegessen!

Arme Ritter

Was unsere Kinder bei der Oma am liebsten essen? Arme Ritter bei der einen – und French Toast bei der anderen. Dass es sich dabei eigentlich um das gleiche Gericht handelt, war ihnen lange gar nicht klar. Schmecken tut es bei beiden Omas ganz wunderbar, egal ob in der süßen oder in der herzhaften Variante. Bei uns zu Hause mag die eine Tochter es am liebsten mit Zimt und Zucker, die andere mit knusprigem Bacon. Am 28. November wird in den USA übrigens alljährlich der French Toast Day gefeiert.

Zutaten

4 Scheiben Weißbrot
oder Brioche (vom Vortag)

1–2 Eier
250 ml Vollmilch
Salz
25 g Butter

Außerdem
Ceylon-Zimt
Zucker
Obst (Menge und Sorte nach Belieben) oder
4–6 Scheiben Bacon

Die Eier und Milch zusammen mit 1 Prise Salz in einem tiefen Teller verquirlen. Die Brotscheiben darin einweichen.

In der Zwischenzeit die Butter in einer Pfanne zerlassen. Die Brotscheiben von beiden Seiten in der Butter anbraten, bis sie schön knusprig sind.

Mit Zimt, Zucker und Obst oder mit knusprig gebratenem Bacon servieren.

Haselnussbutter

Die wohl ewig währende Diskussion um die populäre Nussnugatcreme aus dem Supermarkt kennen wir alle. Meine Kinder lieben sie und auch ich mag sie gerne. Wenn ihr nach einer ebenso leckeren Alternative sucht, die außerdem »healthy as hell« ist – probiert diese hier.

Zutaten für 1 Glas

250 g Haselnusskerne
½ TL Zucker
½ TL Salz
Mark von 1 Vanilleschote

Schokoladen-Nuss-Butter
Zutaten für 1 Glas

1 x Rezept Haselnussbutter (siehe Rezept oben)
½ Tafel Schokolade (ich verwende am liebsten Zartbitterschokolade)

Den Backofen auf 180 °C Umluft vorheizen.

Zunächst die Haselnüsse auf einem mit Backpapier ausgelegten Backblech verteilen und im vorgeheizten Backofen etwa 15–20 Minuten rösten.

Anschließend die Nüsse von ihren Häuten befreien, dazu auf ein Geschirrtuch geben, dieses zusammenfalten und die Nüsse aneinanderreiben. Dann in einem leistungsstarken Mixer auf höchster Stufe zu Mus zerkleinern. Das erfordert etwas Geduld. Wenn Öl aus den Nüssen austritt, ist es fast geschafft. Zuletzt Zucker, Salz und Vanille zugeben und so lange weitermixen, bis die gewünschte Konsistenz erreicht ist.

Die Haselnussbutter ist in einem sauberen Schraubglas verschlossen angeblich 1 Woche im Kühlschrank haltbar. Dazu kann ich leider wirklich nichts sagen – so lange reicht ein Glas bei uns NIE.

Variante: Wenn einmal Nussbutter hergestellt ist, lässt sich daraus auch ganz einfach Schokoladen-Nuss-Butter machen. Dafür die Schokolade über einem Wasserbad schmelzen und unter die Nussbutter rühren.

Tipp
Das Rezept eignet sich für so ziemlich jede Art von Nüssen. Es funktioniert zum Beispiel auch ganz wunderbar mit Erdnüssen oder Mandeln. Wichtig ist, dass die Nüsse vorher geröstet wurden.

Laugenknoten

Die Laugenbrötchen sind für sich schon so lecker, dass man sie auch gut »nackt« oder mit ein bisschen Butter genießen kann. Aber auch etwas kreativere Beläge wie Eiersalat (siehe Rezepte Seite 99), Coleslaw (siehe Rezepte Seite 177), Baby-Leaf-Salat mit Ei oder Rote-Bete-Meerrettich-Aufstrich (siehe Rezept Seite 166) machen sich gut darauf.

Zutaten für 12 Laugenknoten

½ Würfel Hefe
1 Prise Zucker
300 ml lauwarme Vollmilch
500 g Weizenmehl Type 550
80 g sehr weiche Butter
1 Prise Salz

Außerdem
100 g Natron

Zunächst die Hefe mit dem Zucker in der lauwarmen Milch auflösen. Das Mehl in eine Schüssel geben, eine Mulde in die Mitte geben und die Hefemilch hineingießen. Zusammen mit den übrigen Zutaten zu einem geschmeidigen Teig verkneten und diesen 1 Stunde gehen lassen.

Den Teig nochmals kurz kneten, in zwölf Portionen teilen und zu Knoten formen. Diese nochmals 15 Minuten gehen lassen.

Den Backofen auf 200 °C Ober-/Unterhitze vorheizen.

In einem großen Topf 2 l Wasser mit dem Natron aufkochen (Vorsicht! Die Lauge ist ätzend, also nicht mit Haut und Augen in Kontakt bringen).

Die Knoten in der sprudelnden Lauge 15–20 Sekunden schwimmen lassen. Mit einem Schaumlöffel herausheben, kurz abtropfen lassen und danach auf ein mit Backpapier ausgelegtes Backblech legen. Nochmals 15 Minuten gehen lassen.

Dann auf der mittleren Schiene im vorgeheizten Backofen etwa 20 Minuten backen. Herausnehmen und auf einem Kuchengitter abkühlen lassen.

Laugenkonfekt & Co.

Natürlich könnt ihr das Gebäck auch ganz anders formen. Es gilt: Erlaubt ist, was gefällt. Bei meinen Kindern sehr beliebt ist neben Laugenbrezeln und -stangen vor allem Laugenkonfekt. Was das ist? Kleine Laugenbrötchen (eher Kugeln), die von außen mit Mohn, Sesam, anderen Kernen und Saaten oder sogar mit Käse bestreut sind. Wenn wir sie beim Bäcker im Dorf kaufen, macht der Vergleich mit Konfekt oder Pralinen Sinn – man weiß nie, was man bekommt, und mit etwas Pech enthält die Tüte nachher besonders viel von den Sorten, die man nicht so mag (der eine Käse, die andere Kürbiskerne). Logisch also, dass es den Kindern einen Riesenspaß macht (und auch eine große Sauerei ist), wenn sie Lieblingsvarianten selbst machen dürfen. Dann kann nämlich jeder das auf sein Brötchen streuen, was er am liebsten mag.

Zutaten

1 x Hefeteig für Laugenknoten (selbst gemacht, siehe Grundrezept Seite 93)

Mohnsaat, Sesamsaat, geriebener Käse, Kürbiskerne, Sonnenblumenkerne (oder was ihr sonst gerne zum Wälzen mögt)

Den Hefeteig in zwölf Portionen teilen. Aus jeder der zwölf Portionen vier bis fünf Kugeln formen.

Den Backofen auf 200 °C Ober-/Unterhitze vorheizen.

Je ein Gefäß mit Topping – Mohn, Sesam, geriebenem Käse, Kürbiskernen, Sonnenblumenkernen – bereitstellen. Die Kugeln wie im Grundrezept in der Lauge baden, nach 15–20 Sekunden herausnehmen und dann sofort in einem Topping nach Wahl wälzen. Auf einem mit Backpapier ausgelegten Backblech verteilen und nochmals 15 Minuten gehen lassen.

Anschließend im vorgeheizten Backofen etwa 10 Minuten backen.

Monsieur
Batonnet

Klassischer Eiersalat

Zutaten für 4 Portionen

6 Eier
2 EL Mayonnaise
2 EL Sauerrahm
½ TL Senf
1 EL Weißweinessig
Salz
frisch gemahlener schwarzer Pfeffer

Zunächst die Eier in siedendem Wasser etwa 10 Minuten hart kochen. Dann unter kaltem Wasser abschrecken, pellen und klein würfeln.

In einer Schüssel die Mayonnaise, den Sauerrahm, den Senf, den Essig, Salz und Pfeffer gut vermengen. Die Eier unterheben und die Masse im Kühlschrank gut durchziehen lassen.
Den Eiersalat vor dem Servieren nochmals abschmecken.

Eiersalat »Waldorf«

Warum ein Waldorfsalat »Waldorfsalat« heißt? Weil er im Hotel Waldorf (später Waldorf Astoria) erfunden wurde. Klassischerweise beinhaltet er Staudensellerie und Äpfel, aber auch die Eiersalat-Variante schmeckt ganz famos.

Zutaten für 4 Portionen

4 Eier
80 g Walnusskerne
200 g Staudensellerie
2 säuerliche Äpfel
3 EL Zitronensaft
100 g Mayonnaise
100 g Vollmilchjoghurt
Salz
frisch gemahlener schwarzer Pfeffer

Zunächst die Eier in siedendem Wasser etwa 10 Minuten hart kochen. Dann unter kaltem Wasser abschrecken, pellen und vierteln.
Die Walnüsse grob hacken.

Den Staudensellerie waschen und in dünne Scheiben schneiden. Die Äpfel waschen, vom Kerngehäuse befreien, achteln, in Scheiben schneiden, in eine Schüssel geben und mit dem Zitronensaft mischen (damit sie nicht braun werden). Den Sellerie, die Walnüsse, die Eier, die Mayonnaise und den Joghurt zugeben.
Alles vermengen und mit Salz und Pfeffer abschmecken. Bis zum Servieren kalt stellen.

Rote-Bete-Eier

Zutaten

4 Eier
Rote-Bete-Saft

Zunächst die Eier in siedendem Wasser etwa 7 Minuten hart kochen. Dann in so viel Rote-Bete-Saft legen, dass sie vollständig bedeckt sind, und über Nacht ziehen lassen. Am nächsten Tag pellen und sich an der schönen roten Farbe der Eier erfreuen.

Heringssalat Hausfrauenart

Was ich so richtig gerne und besonders auf noch warmen Laugenbrötchen mag? Heringssalat. Wahrscheinlich ist das so was wie eine Nord-Süd-Vermählung des eher in Süddeutschland verorteten Laugengebäcks und des sehr norddeutschen Salates.

Ich liebe Heringssalat. Schon meine Oma hat diesen immer zu Weihnachten gemacht (ihrer war weiß, mit Ei und allen Schikanen und hieß „Heringsstippe“) und meine Mama zu Silvester (ihrer war rot und ziemlich raffiniert). Ich bin mir sicher, jeder von euch kennt auch mindestens ein Rezept. Ich zeige euch drei. Alle sind sie köstlich auf Laugenbrötchen.

Zutaten für 4 Portionen

1 Zwiebel
4 Herings- oder Matjesfilets
2 Gewürzgurken
2 rote Äpfel
4 EL süße Sahne
2 EL Gewürzgurken-Einlegesud
Salz
frisch gemahlener schwarzer Pfeffer
1 Stängel Dill oder glatte Petersilie, klein gehackt

Die Zwiebel abziehen. Die Heringsfilets, die Gewürzgurken und die Zwiebel in feine Würfel schneiden. Die Äpfel schälen, vom Kerngehäuse befreien und ebenfalls in Würfel schneiden. Alles miteinander vermengen. Den Gewürzgurken-Einlegesud und die Sahne unterrühren. Den Heringssalat mit Salz und Pfeffer abschmecken und bis zum Servieren kalt stellen.

Vor dem Servieren mit Dill oder Petersilie bestreuen.

Tipp
Heringssalat schmeckt besonders gut, wenn er gut durchgezogen ist, daher bereitet ihr ihn am besten am Vortag zu.

Heringssalat mit Ei & Senf

Zutaten für 4 Portionen

1 Zwiebel
4 Herings- oder Matjesfilets
2 Gewürzgurken
4 Eier
2 rote Äpfel
2 EL Gewürzgurken-Einlegesud
4 EL Crème fraîche
2 EL süße Sahne
1 TL Senf
½ TL Honig
Salz
frisch gemahlener schwarzer Pfeffer

Die Zwiebel abziehen. Die Heringsfilets und die Gewürzgurken sowie die Zwiebel in Würfel schneiden. Die Eier in siedendem Wasser etwa 10 Minuten hart kochen. Unter kaltem Wasser abschrecken, pellen und vierteln und ebenfalls würfeln (wer möchte, viertelt ein Ei und lässt es zum Garnieren über). Die Äpfel schälen, vom Kerngehäuse befreien und ebenfalls in Würfel schneiden. Alles miteinander vermengen.

Den Gurken-Einlegesud, die Crème fraîche und die Sahne zusammen mit dem Senf und dem Honig untermengen. Den Salat mit Salz und Pfeffer abschmecken und bis zum Servieren kalt stellen. (Wer ein gevierteltes Ei beiseitegestellt hat, garniert den Salat vor dem Servieren damit.)

Roter Heringssalat

Zutaten für 4 Portionen

1 Zwiebel
4 Herings- oder Matjesfilets
250 g eingelegte Rote Bete
2 Gewürzgurken
2 Äpfel
1 Handvoll Walnusskerne
2 EL Weißweinessig
2 EL süße Sahne
2 EL Vollmilchjoghurt
½ TL Zucker
1 Stängel Dill oder glatte Petersilie, klein gehackt

Die Zwiebel abziehen. Die Heringsfilets, die Rote Bete und die Gewürzgurken sowie die Zwiebel in Würfel schneiden. Die Äpfel schälen, vom Kerngehäuse befreien und ebenfalls in Würfel schneiden. Alles miteinander vermengen.

Den Essig, die Sahne, den Joghurt und den Zucker untermengen. Den Salat mit Salz und Pfeffer abschmecken und bis zum Servieren kalt stellen.

Vor dem Servieren mit Dill oder Petersilie bestreuen.

Das, was ich hier durch die Bank als Graubrot bezeichne, ist genau genommen ein einfaches Sauerteigbrot. Manche nennen es auch Mischbrot oder Bauernbrot …

Graubrot

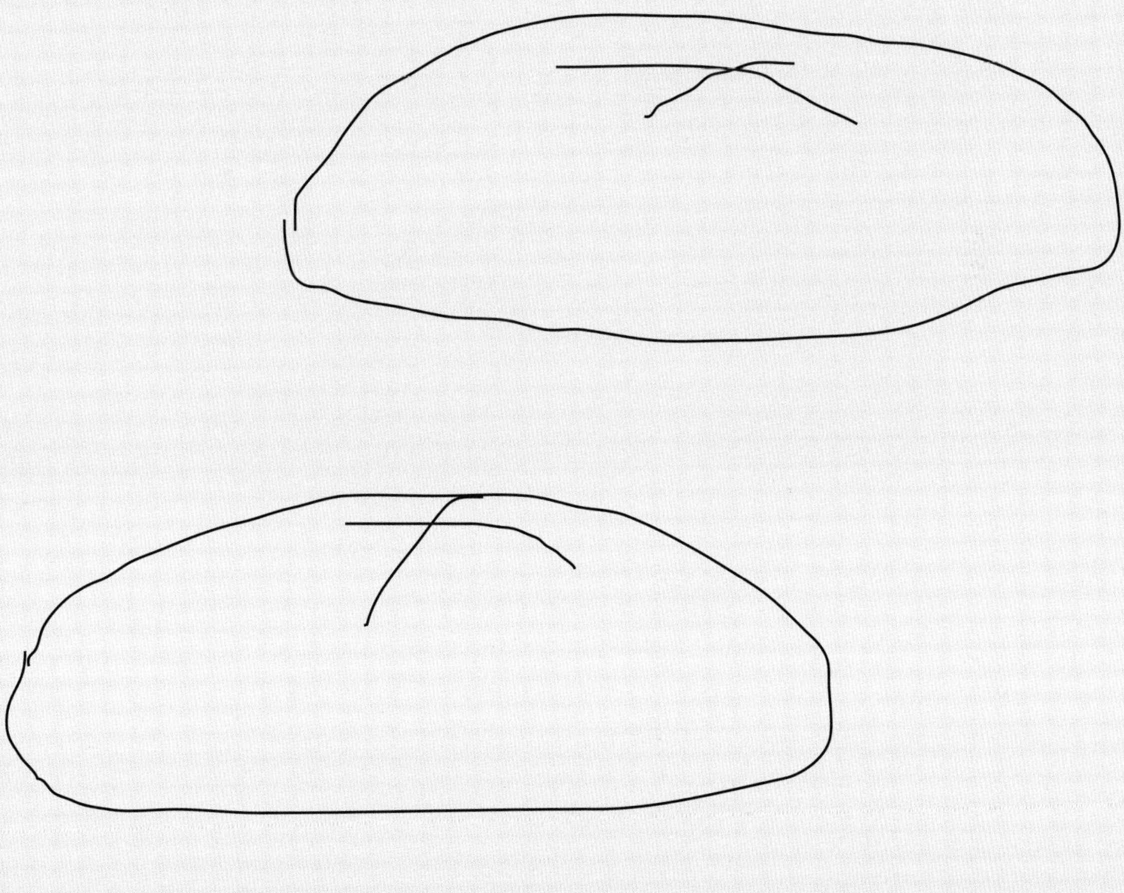

Grundrezept Graubrot

Ich gebe es lieber gleich zu: Ich liebe Sauerteigbrot. Über alles. Aber ich bin nicht das, was man eine begnadete Sauerteigbäckerin nennen würde. Bei mir muss es einfach, unkompliziert und schnell gehen. Einen Brotteig über viele Stunden lieb zu haben, zu füttern, zu dehnen und zu falten, um ihn dann im richtigen Moment zu backen – das geht in meinem Alltag oft unter und der Schotte hat es mehr als einmal erlebt, dass ich mitten in der Nacht angefangen habe, ein Brot zu backen, weil der Teig eben erst dann so weit war.

Aber wisst ihr was? Die Mühe lohnt sich immer. Denn am Ende ist es neben der Zeit genau diese Liebe und Zuwendung, die das Brot so lecker und auch gesund macht. Hier also mein Rezept für ein einfaches Bauernbrot.

Zutaten für den Sauerteigansatz

Roggenmehl
Wasser

50 g Roggenvollkornmehl mit 50 ml Wasser verrühren und leicht abgedeckt an einem warmen Ort 24 Stunden stehen lassen.

Am nächsten Tag weitere 50 g Roggenvollkornmehl sowie 50 ml Wasser zugeben und erneut 24 Stunden stehen lassen.

Diesen Vorgang noch an weiteren drei bis vier Tagen wiederholen, bis der Teig Bläschen entwickelt und sein Volumen deutlich zugenommen hat.

Dieser Sauerteigansatz, auch Anstellgut oder einfach Starter genannt, kann dann zum Backen, z.B. des Bauernbrotes auf der nachfolgenden Seite, verwendet werden. Reste können einfach im Kühlschrank aufbewahrt werden. Sie sollten dann etwa einmal pro Woche mit 50 g Roggenvollkornmehl und 50 ml lauwarmem Wasser »gefüttert« werden, um aktiv zu bleiben und weiterhin als Ansatz zum Backen verwendet werden zu können.

Zutaten für 1 Laib oder 1 Kastenbrot

40 g Sauerteigansatz
115 g Roggenmehl Type 1150
415 g Weizenmehl Type 550 plus mehr zum Arbeiten
10 g Salz

Zunächst einen Vorteig herstellen. Hierfür das Anstellgut zusammen mit 30 ml Wasser, 15 g Roggenmehl und 15 g Weizenmehl mischen und abgedeckt 2–4 Stunden ruhen lassen. Im Anschluss einen Teil der Masse abnehmen und in einem sauberen Schraub- oder Einmachglas mit lose aufgelegtem Deckel in den Kühlschrank stellen, um neues Anstellgut für das nächste Brot zur Verfügung zu haben.

Den Vorteig mit 400–450 ml Wasser vermengen und 100 g Roggen- sowie 400 g Weizenmehl mit einem Holzlöffel unterrühren. Erneut abgedeckt 1 Stunde gehen lassen. Anschließend das Salz vorsichtig in den Teig einarbeiten.

Den Teig dehnen und falten und 30 Minuten gehen lassen.
Den Vorgang drei- bis viermal wiederholen.
Den Teig nochmals abgedeckt 1–2 Stunden gehen lassen.

Danach den Teig auf eine bemehlte Fläche geben, erneut dehnen und falten. 20 Minuten gehen lassen, dehnen, falten und die Teigenden unterschieben. In einem Gärkorb erneut 2 Stunden gehen lassen (oder 12–24 Stunden im Kühlschrank).

Ich backe meine Brote in einem gusseisernen Topf mit Deckel. Diesen dafür im Backofen bei 240 °C vorheizen.

Den Teig aus dem Gärkorb auf eine bemehlte Oberfläche kippen und einschneiden. Wer mag, kann sich hier richtig austoben, das sogenannte »Scoring« ist eine Kunst für sich.

Dann den Teig in den heißen Topf geben und das Brot mit geschlossenem Deckel bei 240 °C 20 Minuten backen, danach den Deckel abnehmen, die Temperatur reduzieren und das Brot bei 230 °C weitere 20 Minuten backen.

Anschließend aus dem Ofen nehmen und auf einem Kuchengitter vollständig abkühlen lassen.

Schnittlauch-Butterbrot

Ich bin mir sicher, keiner von euch braucht hierfür ein Kochbuch. Aber manchmal ist es ja ganz gut, wenn man vorsichtig angestupst und erinnert wird, dass die einfachen Dinge oft die besten sind.

Zutaten

2 Scheiben frisches Graubrot
(am besten noch warm)

Butter zum Bestreichen
Schnittlauch

Das Brot in nicht zu dünne Scheiben schneiden. Den Schnittlauch waschen, trockentupfen, in feine Röllchen schneiden und auf einen flachen Teller geben.

Die Brotscheiben dick mit Butter bestreichen und mit der Butterseite in den Schnittlauch drücken.

Tipp
Wenn ihr mögt, könnt ihr die lila Blüten des Schnittlauchs als Dekoration verwenden. Auch Gänseblümchen machen sich hübsch auf dem Brot.

Katerfrühstück – klassisch vs. de luxe

Auch ohne Kater (welcher Natur auch immer) ist das als klassisches Katerfrühstück bekannte Spiegelei auf Brot bei uns mehr als beliebt und fester Bestandteil des Sonntagsfrühstücks. Wahrscheinlich nicht zuletzt aufgrund der genetisch bedingten schottischen Frühstücksgewohnheiten meines Mannes und unserer Töchter – und weil die vielen Eier, die die Damen von Monsieur produzieren, ja auch irgendwie gegessen werden wollen.

Schlichtes Spiegelei auf »'ner Scheibe Graubrot« war die absolute Spezialität meines Papas. Ich sehe ihn noch vor mir, wie er es in der türkis emaillierten Pfanne zubereitet. Heute bevorzuge ich die De-luxe-Variante mit allerlei gesundem Beiwerk, der Schotte und die Kinder mögen es lieber mit Bacon (so knusprig, dass ich ihn als Kohle bezeichnen würde).

Zutaten

je 1 Scheibe Graubrot

Für die klassische Variante
Butter zum Bestreichen
und Anbraten
1–2 Eier
Salz
frisch gemahlener schwarzer
Pfeffer

Für die De-luxe-Variante
Butter oder Olivenöl zum
Bestreichen und Anbraten
1 Handvoll Baby-Leaf-Salat
1 Avocado, halbiert und in
Scheiben geschnitten
3–4 kleine Tomaten, halbiert
3–4 Himbeeren
1 Ei
Sprossen
Balsamicocreme (optional)
Salz
frisch gemahlener schwarzer
Pfeffer

Für die klassische Variante die Butter in einer Pfanne auf mittlerer Stufe zerlassen. Das Ei bzw. die Eier hineinschlagen und nach Belieben auf einer oder auch beiden Seiten braten.

Eine Scheibe Graubrot großzügig buttern, das heiße Spiegelei darauflegen und mit Salz und Pfeffer bestreuen.

Für die De-luxe-Variante das Graubrot zunächst wahlweise mit Butter bestreichen oder mit Olivenöl beträufeln und dann zunächst den Salat, die Avocadoscheiben und die Tomaten darauf verteilen. Dann etwas mehr Butter oder Olivenöl in einer Pfanne auf mittlerer Stufe zerlassen. Das Ei hineinschlagen und nach Belieben auf einer oder auch beiden Seiten braten, ehe es noch heiß auf das Brot gelegt wird. Obenauf noch ein paar Sprossen und Himbeeren verteilen. Mit Salz und Pfeffer würzen und nach Belieben etwas Balsamicocreme darüberträufeln.

Minz-Erbsencreme

Meine Schwiegermutter hat den schönsten Gemüsegarten. Dort wachsen allerlei köstliche, verlockende Dinge, und wie auch das Gras in Nachbars Garten sind ihre hübschen kleinen Zuckererbsen viel grüner als meine. Hin und wieder leihe ich mir dort ein paar aus. Erzählt ihr besser nicht, was ich mit ihnen gemacht habe.

Zutaten

2 Scheiben Graubrot

300 g Erbsen (frisch oder TK)
1–2 Stängel Minze
150 g Ricotta (oder (veganer) Frischkäse)
Abrieb von 1 unbehandelten Zitrone
2 EL Olivenöl
Salz
frisch gemahlener schwarzer Pfeffer
50 g Parmesan

Die Erbsen etwa 10 Minuten in sprudelndem Wasser kochen. Das Wasser abgießen, ein paar Erbsen beiseitelegen und die übrigen Erbsen mit dem Stabmixer pürieren. Abkühlen lassen.

Die Minze waschen und trockentupfen. Ein paar Blättchen beiseitelegen, die übrigen fein hacken. Das Erbsenpüree mit dem Frischkäse, der Minze, dem Zitronenabrieb, dem Olivenöl, Salz und Pfeffer vermengen.

Das Brot in Scheiben schneiden. Die Minz-Erbsencreme auf den Brotscheiben verstreichen und mit den beiseitegelegten Minzblättchen und Erbsen garnieren.

Cima di Rapa mit Ricotta, Chili & Honig

Cima di Rapa oder wilder Brokkoli ist eine italienische Spezialität, die bei uns auf dem Land nicht einfach zu bekommen ist. Umso mehr habe ich mich gefreut, diese zartere Variante des Brokkoli auf unserem Wochenmarkt zu finden – und euch damit »eine schmieren« zu können.

Zutaten

2 Scheiben Graubrot

1 rote Chilischote
5–6 Stängel Cima di Rapa (wilder Brokkoli)
1 EL Olivenöl
Salz
frisch gemahlener schwarzer Pfeffer
4–5 EL Ricotta (oder vegane Alternative)
1 EL flüssiger Honig

Die Chilischote waschen, entkernen und in Scheiben schneiden. Cima di Rapa waschen und trockentupfen. Dann zusammen mit den Chilischeiben im Olivenöl von beiden Seiten anbraten, salzen und pfeffern.

Die Brotscheiben toasten und mit dem Ricotta bestreichen. Den gebratenen Brokkoli und die Chilischeiben darauf verteilen und mit dem Honig beträufeln. Einfacher geht es fast nicht.

Im Ofen gegrillte Tomaten auf Baba Ganoush

Baba Ganoush ist ein aus der arabischen Küche kommendes Püree aus gerösteten Auberginen und Tahini (Sesampaste). Es wird als Aufstrich oder Dip verwendet und hat mein Herz im Sturm erobert. Auf dieser Stulle kombiniere ich es mit frischen Tomaten aus dem Garten ...

Zutaten

2 Scheiben Graubrot

2–4 EL Baba Ganoush (siehe Rezept unten)
2 normal große Tomaten oder 2 Rispen bzw. Handvoll Cherrytomaten
Olivenöl zum Beträufeln
Salz
frisch gemahlener schwarzer Pfeffer
1–2 Stängel Basilikum

Baba Ganoush
2 Auberginen
3 EL Tahini (Sesampaste)
Saft von ½ Zitrone
2 EL Olivenöl
1 Knoblauchzehe
Salz
frisch gemahlener schwarzer Pfeffer

Den Backofen auf 200 °C Oberhitze vorheizen.

Für das Baba Ganoush die Auberginen waschen und trockentupfen. Mit einem spitzen Messer die Haut rundherum ein paarmal einstechen. Auf der mittleren Schiene im vorgeheizten Backofen etwa 30 Minuten backen, bis die Auberginen weich und die Haut schrumpelig und stellenweise schwarz ist.

Aus dem Ofen nehmen und etwas abkühlen lassen. Dann die lauwarmen Auberginen halbieren und das weiche Fruchtfleisch mit einem Löffel aus der Schale lösen. Das Fruchtfleisch zusammen mit dem Tahini, dem Zitronensaft und dem Olivenöl im Mixer fein mixen. Den Knoblauch durch die Knoblauchpresse drücken und zum Auberginenpüree geben, nochmals gut durchmengen und mit Salz und Pfeffer abschmecken.

Das Baba Ganoush auf den Brotscheiben verteilen. Die Tomaten waschen, trockentupfen und in Scheiben schneiden bzw. nach Belieben halbieren und auf das Baba Ganoush geben. Mit Olivenöl beträufeln, mit Salz und Pfeffer würzen und mit Basilikumblättchen garnieren.

Die Brote auf oberster Schiene im vorgeheizten Backofen 5–10 Minuten rösten. Am besten warm genießen.

Grüner Spargel und Parmesan

Ein Klassiker, zu dem ich nicht viel sagen muss, denke ich. Grüner Spargel und Parmesan sind einfach eine super Kombination.

Zutaten

2 Scheiben Graubrot

1–2 EL Pinienkerne
250 g grüner Spargel
Olivenöl zum Blanchieren
Butter zum Bestreichen
50 g Parmesan
Salz
frisch gemahlener schwarzer Pfeffer

Zunächst die Pinienkerne ohne Fettzugabe in einer Pfanne etwas anrösten. Aus der Pfanne nehmen und beiseitelegen.

Den Spargel waschen und von den holzigen Enden befreien (das geht am besten, indem die Enden einfach abgebrochen werden, es gibt eine Art »Sollbruchstelle«). In etwas Olivenöl in der Pfanne kurz blanchieren.

Die Brotscheiben auf einem Teller anrichten und mit Butter bestreichen. Den Spargel auf die Brotscheiben legen, den Parmesan darüberreiben und die Pinienkerne darüberstreuen. Salzen und pfeffern.

Graubrot

Tofu in Orangenmarinade

Dies ist eines der Rezepte, die im Urlaub bei meiner Mama in Spanien entstanden sind. Orangen und Rosmarin wachsen dort im Überfluss und ergeben fast wie von selbst eine aromatische Marinade für so ziemlich alles.

Zutaten

2 Scheiben Graubrot

250 g fester Tofu
60 ml Olivenöl
50 ml Ahornsirup
30 g Senf
Saft von 1 Orange
1–2 Zweige Rosmarin
Salz
frisch gemahlener schwarzer Pfeffer
1 EL Kapern

Den Tofu in Scheiben schneiden. Das Olivenöl, den Ahornsirup, den Senf und den Orangensaft vermengen. Den Rosmarin waschen, trockentupfen. Die Nadeln abzupfen und ein paar davon beiseitelegen. Die übrigen Nadeln zur Orangenmarinade geben und diese mit Salz und Pfeffer abschmecken. Den Tofu mindestens 1 Stunde, besser über Nacht, darin ziehen lassen.

Dann alles zusammen in eine Pfanne geben und den Tofu in der Marinade braten, bis er etwas Farbe genommen hat und die Marinade eingedickt ist.

In der Zwischenzeit das Brot toasten. Die Tofuscheiben auf dem Brot anrichten. Mit der restlichen Marinade, dem beiseitegelegten Rosmarin und Kapern dekorieren.

Smörgåstårta

Eine Smörgåstårta ist eine Torte aus Brot, die nicht süß, sondern herzhaft schmeckt und in Schweden zu Hause ist. Als ich das erste Mal davon hörte, war ich sofort begeistert, denn sowohl die schier unendlichen Möglichkeiten, die Füllungen geschmacklich zu variieren, wie auch die optisch schöne Gestaltung machen mir Spaß. Ich zeige euch hier eine Art Grundrezept und würde mich freuen, wenn ihr es als Aufforderung verstehen würdet, eure eigene Smörgåstårta zu kreieren.

Zutaten

1 Kastenbrot (ich verwende gerne ein Roggenmischbrot, aber alles ist erlaubt)

Für die unterste Schicht
75 g Frischkäse
75 g Magerquark
1 Glas eingelegte Gurken, klein gehackt
Kräuter (Petersilie, Dill)
Salz
frisch gemahlener schwarzer Pfeffer

Für die mittlere Schicht
75 g Frischkäse
75 g Magerquark
1 Glas eingelegte Rote Bete, klein gehackt
Kräuter (Petersilie, Dill)
Salz
frisch gemahlener schwarzer Pfeffer

Für die oberste Schicht
150 g Frischkäse
150 g Magerquark
Kräuter (Petersilie, Dill)
Salz
frisch gemahlener schwarzer Pfeffer

Außerdem
Frischkäse
gemischte Kräuter (Schnittlauch, Petersilie, Dill etc.) und essbare Blüten (optional)

Alle Kräuter fein hacken. Die Zutaten für die einzelnen Füllungen in separaten Schüsseln gründlich vermengen und beiseitestellen.

Das Brot der Länge nach horizontal in vier Scheiben schneiden, wobei die Randscheibe oben so dünn wie möglich ausfallen sollte (sie wird nicht gebraucht), alle anderen Scheiben sollten möglichst gleich dick sein.

Die einzelnen Schichten nebeneinanderlegen und mit der jeweils vorbereiteten Füllung bestreichen. Dann die Schichten vorsichtig aufeinandersetzen.

Die Smörgåstårta zum Garnieren außen mit mehr Frischkäse bestreichen. Zuletzt noch nach Belieben mit Kräutern und essbaren Blüten garnieren. Erlaubt ist, was gefällt (und essbar ist)! Die Torte bis zum Verzehr kalt stellen.

Tipp
Am nächsten Tag schmeckt die Smörgåstårta fast noch besser!

Eine Art frische Brombeerkonfitüre auf Ricotta

Über die wilden Brombeeren im Graben hinter unserem Garten habe ich bereits berichtet. Sie sind ganz schön stachelig, deshalb können wir von Glück reden, dass wir Oma Ingrid haben. Sie ist eigentlich nicht unsere Oma – aber sie versorgt uns liebevoll mit Unmengen von großen, saftigen Zuchtbrombeeren aus ihrem Garten. Die bringt sie uns fertig geputzt und tiefgefroren, ein echter Luxus.

Zu einer Köstlichkeit werden die Brombeeren, wenn man sie zum Auftauen mit etwas Ahornsirup in einer Pfanne erwärmt und kurz aufkocht.

Zutaten

2 Scheiben frisches Graubrot

125 g Brombeeren
1 EL Ahornsirup
50 g Ricotta (oder vegane Alternative)
1 Zweig Thymian (optional), die Blätter abgezupft
1 EL grob gehackte Cashewkerne (optional)

Die Brombeeren waschen und mit dem Ahornsirup in einer Pfanne kurz aufkochen.

In der Zwischenzeit das Brot rösten und mit dem Ricotta bestreichen. Die warmen Brombeeren darauf verteilen.

Optional das Brot mit dem Thymian und den Cashewkernen bestreuen. Das Brot schnell essen – sonst macht das jemand anders.

4 x Feigen-Crostini

Ich liebe Feigen – aber nur die großen, süßen, saftigen. Wenn auch wirklich Feigenzeit ist. Die Verwendungsmöglichkeiten von Feigen sind fast grenzenlos. Hier vier leckere Varianten für Crostini für euch. Bei den Crostini ist es wichtig, dass das Brot dünn geschnitten und schön kross getoastet ist.

1: Feigen-Schinken-Crostini

Zutaten

1 Scheibe Graubrot

3–4 Walnusskerne
1 Feige
3 EL Hummus
3–4 Scheiben Serranoschinken (oder Parmaschinken)
1 Zweig Thymian, die Blätter abgezupft
Salz
frisch gemahlener schwarzer Pfeffer
1 TL Honig (optional)

Das Brot kross toasten. Die Walnüsse ohne Fettzugabe in einer Pfanne etwas rösten. Die gewaschene Feige in Scheiben schneiden.

Das Brot mit dem Hummus bestreichen und (immer abwechselnd) mit Feigenscheiben und Schinken belegen. Mit Thymian und Walnüssen bestreuen, salzen und pfeffern. Optional noch etwas Honig darüberträufeln.

2: Feigen-Ziegenkäse-Crostini

Zutaten

1 Scheibe Graubrot

1 Feige
½ Rolle Ziegenkäse
3–4 Walnusskerne
Salz
frisch gemahlener schwarzer Pfeffer
1 TL Honig
1 Zweig Thymian, die Blätter abgezupft

Das Brot kross toasten. Den Backofen auf 200 °C Oberhitze vorheizen.

Die gewaschene Feige und den Ziegenkäse in Scheiben schneiden und immer abwechselnd fächerförmig auf das Brot legen. Mit Walnüssen bestreuen, salzen und pfeffern. Das Brot auf oberster Schiene im vorgeheizten Backofen 10 Minuten grillen.

Anschließend mit Honig beträufeln und mit den Thymianblättchen garnieren.

3: Feigen-Pfirsich-Crostini

Zutaten

1 Scheibe Graubrot

2 EL Quark
1 TL Honig
½ Pfirsich
1 Feige
8–10 Brombeeren
1 Zweig Thymian

Den Quark mit dem Honig verrühren. Das Obst waschen und trockentupfen. Die Feige in Scheiben und den Pfirsich in Spalten schneiden.

Das Brot toasten und mit dem Honigquark bestreichen. Abwechselnd Pfirsich, Feigen und Brombeeren auflegen und mit dem Thymianzweig dekorieren.

4: Feigen-Mozzarella-Crostini

Zutaten

1 Scheibe Graubrot

2 Feigen
Mozzarella
1–2 Stängel Petersilie
Salz
frisch gemahlener schwarzer Pfeffer

Das Brot kross toasten. Den Backofen auf 200 °C Oberhitze vorheizen.

Die Feigen waschen, von ihrem Stiel befreien und tief, aber nicht ganz bis zum Boden kreuzförmig einritzen. Auf das Brot setzen, etwas aufdrücken und je ein großes Stück Mozzarella in die Mitte der Feigen drücken. Die Blätter der Petersilie abzupfen, waschen und trockentupfen. Auf den Crostini verteilen und Salz und Pfeffer darüberstreuen. Die Crostini auf oberster Schiene im vorgeheizten Backofen 10 Minuten grillen.

Salbeipesto

»Nur Pesto???« stand in kursiver Schrift am Rand, nachdem ich meiner Lektorin Britta den ersten Vorschlag für ein Inhaltsverzeichnis geschickt hatte. Ja – nur Pesto, dachte ich. Salbeipesto. Wenn euch das nicht genug aufs Brot ist, könnt ihr zusätzlich gerne Käse drauflegen (was schön Salziges, Altes wie einen Gewitterkäse). Oder leckere Salami. Oder auch Salsiccia für den größeren Hunger. Wenn ihr ein Kalbsschnitzelchen und ein bisschen Prosciutto nehmt, springt euch die Stulle schon fast in den Mund. Und essbare Blüten machen sie zu einem Hingucker. Aber wie gesagt, eine Stulle nur mit Pesto geht genauso gut – na klar!

Zutaten für 1 Schraubglas

25 g frische Salbeiblätter
60 g geröstete Cashewkerne
40 g Parmesan
150 ml Olivenöl
Salz
frisch gemahlener schwarzer Pfeffer

Zunächst die Salbeiblätter, die Cashewkerne und den Parmesan in einem leistungsstarken Mixer zerkleinern.

Dann das Olivenöl hinzugeben, alles zu einer homogenen Masse pürieren und mit Salz und Pfeffer abschmecken.

Graubrot

3 x Pfifferlinge

Wenn im Herbst die ersten Pfifferlinge reif sind, kann ich es immer kaum erwarten, sie auf den Tisch zu bekommen. Ehrlicherweise bin ich ein zu großer Angsthase, um sie selbst zu sammeln, aber zum Glück sind sie auf dem Markt und in den Hofläden gut zu bekommen. Ich zeige euch gleich drei herbstliche Variationen.

Zutaten

6 Scheiben Graubrot

250 g Pfifferlinge
Salz
frisch gemahlener schwarzer Pfeffer
2 TL Misopaste
4 EL griechischer Joghurt (10 % Fett)
2–3 Stängel glatte Petersilie
1 Handvoll Rucola
100 g Rotkohl
Olivenöl zum Anbraten und Beträufeln
1 EL Maiskörner
6–8 Brombeeren

Die Pfifferlinge putzen und in Olivenöl in einer Pfanne anbraten. Ordentlich salzen und pfeffern. Etwa zwei Drittel der Pfifferlinge aus der Pfanne nehmen und beiseitestellen, unter das verbleibende Drittel 1 TL Misopaste rühren und nochmals kurz erhitzen.

Den griechischen Joghurt mit 1 TL Misopaste verrühren. Die Petersilie und den Rucola waschen und trockentupfen. Die Petersilie fein hacken. Den Rotkohl waschen und fein hobeln.

Zwei dieser Brotscheiben mit der Joghurt-Misopaste bestreichen. Die übrigen vier Brotscheiben mit etwas Olivenöl beträufeln.
Zwei Brotscheiben mit Rucola belegen, die beiden übrigen mit gehobeltem Rotkohl.

Die Miso-Pfifferlinge auf den Broten mit dem Miso-Joghurt verteilen. Die übrigen Pfifferlinge gleichmäßig auf den verbleibenden vier Brotscheiben gleichmäßig verteilen. Den Mais auf die Stullen mit Rotkohl geben, die gewaschenen Brombeeren auf die mit Rucola. Alle Stullen mit Salz und Pfeffer würzen.

Apfelbrot

Um es gleich ganz ehrlich zu sagen – das Apfelbrot (für das ihr auch ganz hervorragend Quitten oder Birnen verwenden könnt) ist eigentlich eher ein Kuchen. Aber macht das bei einem schönen Sonntagsfrühstück an einem ungemütlichen Herbsttag einen Unterschied?

Zutaten für 1 Kastenform

100 g Butter
plus mehr für die Form
150 ml Ahornsirup
60 ml Vollmilch
2 Eier
320 g Weizenmehl Type 405
1 Päckchen Backpulver
1 Prise Salz
500 g Äpfel
100 g Marzipan
100 g ganze Haselnusskerne
50 g Kakaonibs
50 g gehackte Haselnusskerne

Den Backofen auf 140 °C Umluft vorheizen.

Die Butter zerlassen, etwas abkühlen lassen und mit dem Ahornsirup, der Milch und den Eiern verquirlen. Das Mehl mit dem Backpulver und dem Salz in einer weiteren Schüssel vermengen und in die Eiermasse einrühren. Die Äpfel schälen, vom Kerngehäuse befreien und fein würfeln. Das Marzipan grob raspeln. Zusammen mit den Apfelwürfeln und den ganzen Nüssen unter den Teig heben.

Den Teig in eine gefettete Kastenform füllen. Mit den Kakaonibs und gehackten Haselnüssen bestreuen. Das Apfelbrot im vorgeheizten Backofen 70–80 Minuten backen.

Anschließend das Brot auf einem Kuchengitter abkühlen lassen und aus der Form stürzen.

Gerösteter Apfel auf Rote-Bete-Hummus

Es gibt für mich nichts Leckereres als frisches Bauernbrot. Solltet ihr jedoch nur etwas älteres zur Hand haben, könnt ihr es für dieses Rezept vor der Verwendung toasten. Beim Bäcker hier im Ort gibt es eines mit Salz und Kümmel – es passt perfekt zum Belag.

Rote-Bete-Hummus ist auch lecker – und gesund (die roten Knollen haben antioxidative und blutdrucksenkende Eigenschaften). Und aufgrund seiner Farbe ist er auch einfach optisch ein Knaller.

Zutaten

1 Scheibe frisches Graubrot

1 kleiner, saurer Apfel
(z. B. Red Prince)
Butter oder Olivenöl
zum Anbraten
1 TL Honig
1 kleine Handvoll Rucola
2–3 EL Rote-Bete-Hummus
(siehe Rezept unten)
2–3 Walnusskerne
1 Zweig Thymian, die Blätter
abgezupft

Rote-Bete-Hummus
1 x Hummus
(siehe Grundrezept Seite 67)
1–2 Knollen Rote Bete (ich bevorzuge sie roh, die vorgekochten sind aber etwas besser verträglich, falls ihr einen empfindlichen Magen habt)

Den Apfel waschen und in Scheiben schneiden (wenn ihr möchtet, zuvor schälen und vom Kerngehäuse befreien). Die Apfelscheiben in etwas Butter oder Olivenöl und dem Honig in einer Pfanne anbraten, bis sie leicht gebräunt und karamellisiert sind.

Den Rucola waschen, trockentupfen und auf das Brot legen. (Er ist zum einen gut für eure Extraportion Grün am Tag, zum anderen schmeckt er köstlich und sorgt dafür, dass der Hummus das Brot nicht zu schnell aufweicht.)

Für den Rote-Bete-Hummus die Rote Bete in Stücke schneiden, dem Grundrezept für Hummus hinzufügen und alles sorgfältig pürieren.

Den Hummus auf dem Salat verteilen und mit den Apfelscheiben belegen.

Die Walnüsse ohne Fettzugabe in einer Pfanne rösten und grob hacken. Das Brot mit dem Thymian und den Walnüssen bestreuen.

Kürbis, Apfel & Salbei

Stullen wie diese beginnen meist mit einer Zutat. Da war dieser schöne, orange leuchtende Hokkaidokürbis. Und dieses unfassbar leckere Bauernbrot aus der kleinen Bäckerei im Nachbardorf. Sobald mich eine Zutat anlacht, beginnt mein Kopf sozusagen von selbst, sich Variationsmöglichkeiten auszudenken. In diesem Fall probierte ich eine Kombination mit Apfel und Rucola.

Strenge Kritiker sind, wie ihr inzwischen vielleicht gemerkt habt, in meiner Küche allzeit zugegen und mit Kritik wird nicht gespart. Dieses Rezept wurde abgesegnet.

Zutaten

2 Scheiben Graubrot

¼ Hokkaidokürbis (Butternut eignet sich auch prima)
2 saure Äpfel
1 Bund Salbei
Olivenöl zum Anrösten und Anbraten
100 g Rucola
Salz
frisch gemahlener schwarzer Pfeffer

Den Kürbis und die Äpfel waschen, entkernen und in Scheiben schneiden. Den Salbei waschen, trockentupfen und die Blätter abzupfen. Die Brotscheiben mit einigen Salbeiblättern in etwas Olivenöl in einer Pfanne anrösten. Herausnehmen und auf einem Teller anrichten. Den Rucola waschen und trockentupfen. Die Brote mit je 1 Handvoll Rucola belegen.

In der Zwischenzeit die Kürbisscheiben mit einigen weiteren Salbeiblättern in etwas Olivenöl in der Pfanne anbraten. Salzen, pfeffern und auf dem Rucola verteilen. Dann die Apfelscheiben ebenfalls kurz in der Pfanne anrösten und auf das Brot geben.

Die restlichen Salbeiblätter in der Pfanne rösten. Die Stullen damit garnieren, salzen und pfeffern.

Das, was ich als Schwarzbrot bezeichne, ist eigentlich Vollkornbrot. Und es selbst zu backen, geht viel einfacher als gedacht.

Schwarzbrot

Grundrezept Schwarzbrot

Das Rübenkraut in diesem Brot sorgt für die schöne dunkle Farbe; wer das nicht möchte, kann auch Honig verwenden.

Zutaten für 1 Kastenform

1 Würfel Hefe (42 g)
100 g Rübenkraut
500 ml lauwarme Buttermilch
500 g Weizenmehl Type 1050 (oder Weizenvollkornmehl)
250 g Weizenschrot
250 g Roggenschrot
1 EL Salz
100 g Sonnenblumenkerne plus mehr zum Bestreuen (optional)
50 g Leinsamen plus mehr zum Bestreuen (optional)
Butter für die Form
Haferflocken zum Bestreuen (optional)

Zunächst die Hefe mit etwas Rübenkraut in der Buttermilch auflösen. Die trockenen Zutaten in eine ausreichend große Schüssel geben und vermengen. Die Hefemischung hinzufügen und alles gut zu einem glatten Teig verkneten. Mit einem Tuch abgedeckt 1 Stunde gehen lassen.

Anschließend den Teig in eine gefettete Kastenform geben und mit einem Tuch abgedeckt 1 weitere Stunde gehen lassen.

Den Backofen auf 150 °C Ober-/Unterhitze vorheizen.

Das Brot optional mit Kernen, Samen oder Haferflocken bestreuen und auf der mittleren Schiene im vorgeheizten Backofen 2 Stunden backen. Dann mit Alufolie bedecken und weitere 30 Minuten backen.

Danach das Brot auf einem Kuchengitter abkühlen lassen und aus der Form stürzen.

Zweierlei karamellisierter Rhabarber – auf Thymian-Frischkäse oder auf Honig-Vanille-Joghurt

Auf die Rhabarberzeit freue ich mich jedes Jahr besonders. Ich liebe den süß-säuerlichen Eigengeschmack des Gemüses, das noch so viel mehr kann als Kuchen. Rhabarber auf Vollkornbrot ist in der süßen wie auch in der herzhaften Variante eine zweite Scheibe wert. Vielleicht verdoppelt ihr also von Anfang an die Menge.

Zutaten

2 Scheiben Schwarzbrot

1–2 Stangen Rhabarber (am besten eignen sich kleine, dünne)
1 EL Butter
1 TL Zucker
1 Msp. Bourbon-Vanillepulver
1–2 Zweige Thymian
50 g Naturjoghurt (mind. 3,8 % Fett)
1 TL Honig
50 g Frischkäse
Salz
frisch gemahlener schwarzer Pfeffer
Abrieb von ½ unbehandelten Zitrone

Den Rhabarber waschen und quer in Stücke schneiden (ihre Länge sollte der Größe der Brotscheiben entsprechen). Die Butter in einer Pfanne zerlassen und die Rhabarberstücke darin von allen Seiten kurz anbraten. Mit dem Zucker und der Vanille bestauben und karamellisieren lassen. Nicht zu lange braten, damit der Rhabarber noch Biss hat und seine Form nicht verliert.

In der Zwischenzeit den Thymian waschen, trockentupfen und die Blättchen abzupfen. Die Brote auf einem Teller anrichten.

Den Joghurt mit dem Honig und der Vanille verrühren und auf eine der Brotscheiben geben (für ein bisschen Extracrunch diese vorher toasten).

Für die andere Brotscheibe den Frischkäse mit je 1 Msp. Salz und Pfeffer sowie den Thymianblättchen verrühren. Die Brotscheibe damit bestreichen.

Den Rhabarber auf den Broten anrichten, die süße Variante mit Zitronenabrieb und die herzhafte mit etwas mehr Thymian garnieren.

Erdbeeren & Co.

Bei der Frage, ob Obst im Allgemeinen (und Erdbeeren im Besonderen) auf Brot gehört, gehen die Geschmäcker auseinander. Ich finde ja, Obst gehört auf Brot (im Allgemeinen). Besonders gut schmecken mir im Sommer Erdbeeren – mit Thymian auf Frischkäse oder mit Nüssen auf Erdnussbutter. Beide Varianten gehören meiner Ansicht nach auf Vollkornbrot (im Besonderen). Das nur unter uns, denn auch hier scheiden sich die Geister … Erlaubt ist, was euch schmeckt. Aber lasst euch nichts wegnehmen!

Zutaten

2 Scheiben Schwarzbrot

1 Handvoll Cashewkerne (oder Erdnusskerne)
8–10 Erdbeeren
2 EL Erdnussbutter
2 EL Frischkäse
1 Zweig Thymian, die Blätter abgezupft

Die Cashewkerne ohne Fettzugabe in einer Pfanne rösten.

In der Zwischenzeit die Erdbeeren waschen, trockentupfen und in Scheiben schneiden.

Eine Brotscheibe mit Erdnussbutter bestreichen, die andere mit Frischkäse. Die Erdbeeren auf beiden Scheiben verteilen, es folgen die Thymianblättchen auf der Frischkäsestulle und die Cashewkerne auf der mit der Erdnussbutter. Oder umgekehrt für eine weitere Variante.

From leaf to root: Kräuterquark mit Radieschen

Wusstet ihr, dass man Radieschengrün essen kann? Die Brote mit diesem Grün sind sozusagen »on the fly« bei der Arbeit im Gemüsebeet entstanden – und genau dort auch sofort gegessen worden. Während meine Mädchen begeistert ein (noch sehr kleines) Radieschen nach dem anderen aus der Erde zogen, machte ich mir Gedanken über mögliche Verwendungsformen der winzigen Ernte – deren Hauptanteil das oberirdische Grün war. Ebendieses Blattgrün der Radieschen eignet sich hervorragend für Pesto – oder aber für superfrischen, superleckeren Kräuterquark wie diesen hier.

Und das entspricht ganz dem Gedanken von »From leaf to root« (also dt.: von Blatt bis Wurzel). Diesen Trend hat die Schweizerin Esther Kern 2014 ins Leben gerufen, als sie sich damit auseinandersetzte, welche Teile eines Gemüses eigentlich zum Verzehr geeignet sind. Inzwischen gilt der Begriff als Synonym für eine möglichst vollwertige, nachhaltige Verwendung von Gemüse.

Zutaten

2 Scheiben Schwarzbrot

4–5 Radieschen mit Grün
50–100 g Magerquark
Salz
frisch gemahlener schwarzer Pfeffer
Abrieb von ½ unbehandelten Zitrone

Die Radieschen mitsamt ihrem Grün waschen und trockentupfen. Das Radieschengrün fein hacken. Den Quark in eine Schüssel geben und mit Salz, Pfeffer, dem Zitronenabrieb und dem Radieschengrün vermengen.

Die Brote mit dem Kräuterquark bestreichen. Die Radieschen in dünne Scheiben schneiden und die fertigen Brote damit garnieren. Die Stullen am besten im Garten essen.

Knäckebrot

Wenn ich eher gewusst hätte, wie einfach Knäckebrot selbst zu machen ist … so vieles wäre leichter gewesen. Eine perfekte Lösung für so manchen (küchentechnischen) Notfall: innerhalb einer Stunde fertig, die Zutaten sind in jedem Haushalt vorhanden. Das Brot eignet sich als Notfallretter für die kindliche Brotdose (wenn man mal wieder am Sonntagabend feststellt, dass man vergessen hat, Brot zu kaufen) genauso gut wie für den unerwarteten Besuch. Hübsch angerichtet ist es zum Aperitif sogar ein Hingucker.

Zutaten für 1 Blech

70 g Mehl
70 g Haferflocken (zarte)
70 g Körner und/oder Samen (z. B. Sonnenblumenkerne, Kürbiskerne, Leinsamen)
1 TL Salz
3 EL Öl

Den Backofen auf 170 °C Umluft vorheizen.

Alle Zutaten sowie 200 ml Wasser mit einem Holzlöffel oder in der Küchenmaschine zu einem Teig vermengen. 1 Stunde ruhen lassen (wenn es wirklich schnell gehen muss, reichen auch 15 Minuten).

Dann die Teigmasse mit dem Holzlöffel glatt auf einem mit Backpapier belegten Backblech ausstreichen. Das Knäckebrot auf der mittleren Schiene im vorgeheizten Backofen 40–45 Minuten backen, dabei – wichtig! – nach etwa 15 Minuten aus dem Ofen nehmen und in rechteckige Stücke schneiden (das geht am besten mit dem Pizzaroller). Wenn es erst mal durchgebacken ist, geht das nur noch schwer.

Das fertig gebackene Brot auf einem Kuchengitter abkühlen lassen.

Knäckebrot-Platte mit Lachsvariationen

Das Knäckebrot ist superschnell gemacht - und mit Lachs belegt eignet es sich hervorragend als Häppchen zum Aperitif oder als Gruß aus der Küche, der mehr Eindruck als Arbeit macht.

Den veganen Karottenlachs solltet ihr unbedingt probieren, der hat sogar den großen Gemüseskeptiker hier im Haus überzeugt.

Zutaten für 1 Platte mit ca. 12 Knäckebroten

1 Blech Knäckebrot, in 12 Stücke zerbrochen

12 TL Crème fraîche (wahlweise Senf, Sahnemeerrettich oder Mayonnaise)
6–12 Scheiben Räucherlachs oder
6–12 Scheiben Karottenlachs (siehe Rezept unten)
4–6 EL Kapern
mazerierte Zwiebeln (siehe Rezept Seite 82)
2–3 Stängel Dill oder Petersilie, Blättchen abgezupft
Salz
frisch gemahlener schwarzer Pfeffer

Karottenlachs
2 El Olivenöl
3 EL Weißweinessig
2 TL Kapernsud
2 TL Salz
1 Prise Zucker
1 Msp. geräucherte Chiliflocken
1 Noriblatt (oder Meeresspaghetti), in Stücke gezupft
2–3 Stängel Dill
250 g Möhren

Die Knäckebrotstückchen zunächst mit je 1 TL Crème fraîche oder alternativ Senf, Sahnemeerrettich oder Mayonnaise bestreichen. Mit dem Lachs oder der veganen Alternative belegen und mit Kapern, Zwiebeln und Kräutern garnieren. Dann alle Knäckebrote auf einer hübschen Platte oder einem großen Teller anrichten.

Für den Karottenlachs zunächst eine Marinade herstellen. Dafür das Öl, den Essig und den Kapernsud mit dem Salz, dem Zucker, den Chiliflocken, dem Noriblatt und dem Dill mischen.

Die Möhren waschen, der Länge nach in Streifen schneiden (das geht mit einer Mandoline oder auch super mit dem Sparschäler) und in kochendem Wasser 2–3 Minuten blanchieren. Dann mit eiskaltem Wasser abschrecken. Anschließend in die Marinade geben und mindestens 30 Minuten, am besten aber über Nacht ziehen lassen.

Variationen von Brombeeren & Zucchini

Die Zutaten für diese optisch und auch geschmacklich variierenden Stullen sind immer dieselben. Sie unterscheiden sich lediglich in der Form der zerkleinerten Zucchini und im Grundbelag des Brotes.

Zutaten

4 Scheiben Schwarzbrot

1 kleine Zucchini
125 g Brombeeren
Olivenöl zum Anbraten
2 EL Frischkäse
2 EL Fetakäse
1 EL Brombeerkonfitüre
(siehe Grundrezept Seite 162)
1 EL Brombeerchutney
(siehe Rezept Seite 163)
Salz
frisch gemahlener schwarzer
Pfeffer

Das passt außerdem noch auf die Stullen
2–3 EL Walnusskerne
2–3 Zweige Thymian,
die Blätter abgezupft
Honig

Die Zucchini und die Brombeeren waschen und trockentupfen. Die Zucchini nach Belieben in Scheiben, Stifte oder Spiralen schneiden und in etwas Olivenöl in einer Pfanne kurz anbraten.

Die Brotscheiben nach Belieben mit Frischkäse, Brombeerkonfitüre oder Brombeerchutney bestreichen und ebenfalls nach Belieben mit Fetakäse bestreuen. Darauf angebratene Zucchini und frische Brombeeren verteilen und mit Salz und frisch gemahlenem schwarzen Pfeffer bestreuen. Nun noch optional mit Walnusskernen und vielleicht noch etwas Honig oder Thymian verfeinern.

Grundrezept Konfitüre

Zutaten für 4 Gläser

1 kg Obst eurer Wahl
500 g Gelierzucker (2 : 1)

Das Obst gründlich waschen, trockentupfen sowie gegebenenfalls schälen und entkernen. In einen ausreichend großen Topf füllen und auf mittlerer Stufe unter vorsichtigem Rühren zum Kochen bringen. Je nach Obst geeignete Gewürze wie zum Beispiel Zimt oder Vanille hinzufügen. Den Gelierzucker zugeben und alles nach Packungsangabe weiter köcheln lassen.

Nach wenigen Minuten eine Gelierprobe machen. Dazu einen kleinen Klecks der Konfitüre auf ein gekühltes Tellerchen geben. Geliert die Konfitüre leicht, ist sie fertig und kann sofort in saubere (!) Gläser abgefüllt werden. Diese gut verschließen, für ein paar Minuten auf den Kopf stellen und vollständig abkühlen lassen.

Brombeerchutney

Zutaten für 2 Gläser

500 g Brombeeren
150 g brauner Rohrohrzucker
1 Chilischote
1 Stück frischer Ingwer (ca. daumengroß)
1–2 Zwiebeln
1 Zimtstange
1 EL Senfsaat
100 ml Weißweinessig
1 TL Salz

Die Brombeeren zusammen mit dem Rohrohrzucker in einem ausreichend großen Topf auf mittlerer Stufe zum Kochen bringen. Die Chilischote und den Ingwer waschen und trockentupfen. Die Chilischote in dünne Ringe schneiden, den Ingwer schälen und fein hacken.

Chili, Ingwer zusammen mit den übrigen Zutaten zu den Beeren in den Topf geben und vermengen. Nun alles weiter einkochen lassen; es kann bis zu 2 Stunden dauern, bis die richtige Konsistenz erreicht ist. Gegen Ende des Einkochens ist etwas Vorsicht geboren, die Temperatur dann etwas reduzieren und fortwährend rühren, damit die Masse nicht anbrennt.

Das fertige Chutney sofort in saubere Gläser füllen. Diese gut verschließen, für ein paar Minuten auf den Kopf stellen und vollständig abkühlen lassen.

Tipp
Bei diesem Rezept handelt es sich (ähnlich wie bei der Konfitüre) um eine Art Grundrezept, das sich mit fast jeder Frucht herstellen lässt. Mangos oder Quitten eignen sich zum Beispiel auch sehr gut …

GIB UNS

Gerösteter Sellerie auf Knoblauch-Frischkäse

Die Idee zu dieser Stulle ist inspiriert von einem Rezept meiner Freundin Valeska. Sie postete bei Instagram ein Selleriegericht, das mir sofort Appetit auf ein herzhaftes Brot machte.

Zutaten

2 Scheiben Schwarzbrot

1 frische Knolle Knoblauch plus 2 Zehen, abgezogen
1 Scheibe Knollensellerie (ca. 1–2 cm dick)
Olivenöl zum Braten
2 Stängel glatte Petersilie
Salz
frisch gemahlener schwarzer Pfeffer
100 g Frischkäse

Die Knoblauchknolle vom Stiel und den äußeren Häuten befreien. In Alufolie wickeln und im Ofen bei 200 °C 45 Minuten backen.

Während der Knoblauch im Ofen gart, die Selleriescheibe und die beiden übrigen Knoblauchzehen in schmale Streifen schneiden. Beides zusammen in Olivenöl in einer Pfanne knusprig braten. (Wenn ihr keine Angst vor Röstaromen habt, dürfen die Knoblauchscheibchen dabei richtig schön dunkel werden, das sorgt für einen schönen Crunch.)

Den weich gegarten Knoblauch aus dem Backofen nehmen. Die einzelnen Zehen aus der Knolle drücken und mit der Gabel zerdrücken. Die Petersilie waschen, trockentupfen, die Blätter abzupfen und fein hacken. Den Knoblauch mit der Petersilie, Salz und Pfeffer unter den Frischkäse rühren.

Die Brotscheiben mit dem Knoblauch-Frischkäse bestreichen und die gebratenen Selleriestreifen darauf anrichten.

Rote-Bete-Meerrettich-Aufstrich

Rote Bete liebe ich schon immer. Klassisch in Essig eingelegt oder einfach gekocht oder, oder, oder … ihre Vielfalt ist fantastisch. Da wundert es nicht, dass eine meiner Lieblingsentdeckungen, seit ich Stullen schmiere, dieser Aufstrich ist. Man kann ihn fertig im Supermarkt kaufen, aber mit vorgekochten, vakuumierten Rote Beten ist es ganz einfach, ihn selbst herzustellen.

Ein Vorteil beim Selbermachen ist, dass ihr die Schärfe bestimmen könnt.

Zutaten

6 Scheiben Schwarzbrot

250 g Rote Bete
(vorgegart und vakuumiert)
1 Apfel (optional)
2 EL Sonnenblumenöl
3 EL Weißweinessig
1 TL Honig
2 TL Meerrettich
(oder mehr, wenn ihr es lieber schärfer mögt)
1 Prise Salz

Das passt außerdem noch auf die Stulle

würziger Käse in Scheiben oder Fetakäse
Rettichscheiben oder Bete-Scheiben
(frisch oder vorgegart)
Microgreens oder Salat
hart gekochte Eier
Nüsse (gerne auch in Honig karamellisiert)
Apfelscheiben

Die Rote Bete etwas würfeln. Optional den Apfel waschen, vom Kerngehäuse befreien und zerkleinern. Die Bete und optional den Apfel mit den übrigen Zutaten im Mixer fein pürieren. Die Creme nach Belieben abschmecken (siehe Tipp unten) und die Brotscheiben damit bestreichen.

Tipp

Entscheidet selbst, ob ihr vielleicht noch etwas mehr Meerrettich zugebt – oder lieber Honig. Oder Frischkäse, wenn es etwas cremiger werden soll.

Und dann? Dann geht der Spaß erst richtig los! Soll noch Käse auf die Stulle? Oder Rettichscheiben? Oder Rote-Bete-Scheiben? Oder Microgreens? Oder hart gekochtes Ei? Nüsse? Salat? Apfelscheiben? …

3 x Möhren

Jeden Montag gibt es bei Instagram den »Montagsmittagstisch«, da koche ich für euch gemeinsam mit meiner Freundin Sunna leckere und unkomplizierte Gerichte. Von Sunna habe ich auch die Idee für diese Stulle bekommen, denn sie backt einen ganz fabelhaften Pumpernickel-Möhren-Cheesecake, der mich mindestens zu einer dieser drei Möhren-Variationen inspiriert hat.

1: Möhren & Ricotta

Zutaten

2 Scheiben Schwarzbrot

2 EL Olivenöl
2 EL Honig
2–3 Zweige Rosmarin
2–3 Zweige Thymian
Salz
frisch gemahlener schwarzer Pfeffer
125 g Möhren
1 Handvoll Cranberrys
100 g Ricotta (oder vegane Alternative)
Saft und Abrieb von 1 unbehandelten Orange

Den Backofen auf 180 °C Ober-/Unterhitze vorheizen.

Das Öl, 1 EL Honig, den Rosmarin, den Thymian, Salz und Pfeffer zusammen mit allem Orangensaft bis auf 1 EL in eine ofenfeste Form geben. Die Möhren waschen bzw. nach Belieben schälen, dann in Streifen schneiden. Zusammen mit den Cranberrys in die Marinade geben und alles gut durchmengen.
Auf der mittleren Schiene im vorgeheizten Backofen etwa 25 Minuten garen.

In der Zwischenzeit den Ricotta mit dem Orangenabrieb, dem übrigen EL Orangensaft, 1 EL Honig sowie etwas Salz und Pfeffer vermengen und auf dem Brot verteilen. Dann die gebackene Möhrenmasse daraufgeben und die belegten Brote im Ofen etwa 10 Minuten backen. Noch warm genießen.

2: Ingwer-Möhren-Creme

Die erdig-süßliche Möhre und der scharfe Ingwer sind nicht nur geschmacklich eine ganz wunderbare Kombination, sie sind auch ein Booster für das Immunsystem. Dieser Aufstrich ist also nicht nur lecker, sondern auch noch supergesund.

Zutaten

2 Scheiben Schwarzbrot

1 Zwiebel
125 g Möhren
1 großes Stück Ingwer (ca. 5 cm)
1 EL Olivenöl
2 EL Tomatenmark
Salz

Das passt außerdem noch auf die Stulle
Fetakäse
Pinienkerne
Steak

Die Zwiebel abziehen und fein hacken. Die Möhren schälen und fein würfeln. Den Ingwer schälen und fein reiben.

Das Olivenöl in einem Topf erhitzen und zunächst die Zwiebel darin anschwitzen, nach 2–3 Minuten die Möhren und den Ingwer zugeben und weiter 2–3 Minuten anbraten. Dann mit etwa 50 ml Wasser ablöschen und die Möhren auf mittlerer Stufe weitere 10 Minuten dünsten. Zuletzt das Tomatenmark und etwas Salz zugeben und die Mischung mit einem Stabmixer fein pürieren.

Die Creme abkühlen lassen und auf den Brotscheiben verteilen.

Nach Belieben mit Fetakäse, Pinienkernen oder in Streifen geschnittenem Steak toppen.

Tipp
Die Möhrenschalen müsst ihr nicht wegwerfen. Bewahrt sie doch auf und stellt Chips (siehe nächstes Rezept) daraus her. Zero waste rules!

3: Butter & Möhrenchips

Wusstet ihr, dass man aus der Schale, die übrig bleibt, wenn ihr Wurzelgemüse mit dem Sparschäler schält, ganz wunderbare Chips machen kann? Voraussetzung ist natürlich, dass das Gemüse aus biologischem Anbau stammt und gut gewaschen ist. Besonders lecker schmecken die Chips mit Butter und Meersalzflocken auf frischem Vollkornbrot (gerne auch auf Pumpernickel). Oder pur.

Zutaten

2 Scheiben Schwarzbrot

½ TL Honig (oder Ahornsirup)
3 EL Olivenöl
½ TL Harissapaste
Salz
Pfeffer
Schalen von
ca. 250 g Bio-Möhren
Butter zum Bestreichen

Den Backofen auf 150 °C Umluft vorheizen.

Den Honig, das Olivenöl, die Harissapaste, Salz und Pfeffer in einer Schale verquirlen. Die Möhrenschalen gründlich waschen, dazugeben und sorgfältig vermengen, bis die Schalen gut bedeckt sind. Dann alles auf einem Backblech verteilen und auf der mittleren Schiene im vorgeheizten Backofen 30–45 Minuten backen.

Anschließend auf einem Kuchengitter abkühlen lassen. Die Brotscheiben mit Butter bestreichen und mit den Möhrenchips belegen.

Tipp
Wie viel Butter ihr auf die Brote streicht, überlasse ich euch, mir wird ja nachgesagt, ich würde übertreiben.

Westfalenstulle oder Schwarzbrot »Himmel und Erde«

Kindheit auf Brot: Als Kind des Bergischen Landes bin ich mit »Himmel und Erde« groß geworden. Jedes Jahr im Herbst, wenn die Nächte deutlich kälter werden, der Himmel sich morgens und abends in den schönsten Farben zeigt und Kartoffeln und Äpfel im Garten geerntet werden können, kam dieses Himmel (Äpfel) und Erde (Kartoffeln) verbundene Gericht bei meiner Oma wie bei meiner Mama regelmäßig auf den Tisch. Das Leibgericht meines Vaters und Großvaters ist auch das von meiner Schwester Eva und mir geworden. Es wärmt so schön Herz und Bauch.

Logisch also, Äpfel, Kartoffeln und Blutwurst aufs Brot zu packen. Kindheitsstulle sozusagen. Für dich, Eva!

Zutaten

4 Scheiben Schwarzbrot

2–3 mehligkochende Kartoffeln
2 Äpfel
1 kleine Zwiebel
2 EL Butter
100 g Blutwurst (4 Scheiben)
2–3 EL Vollmilch
Salz
frisch gemahlener schwarzer Pfeffer
Muskatnuss

Zunächst die Kartoffeln waschen und schälen. Die Äpfel waschen, vom Kerngehäuse befreien und halbieren. Wasser in einem Topf erhitzen und die Kartoffeln darin auf mittlerer Stufe 25 Minuten kochen, dabei nach 10 Minuten einen halben Apfel hinzugeben.

In der Zwischenzeit die Zwiebel abziehen und in Ringe sowie die übrigen Äpfel in Scheiben schneiden. 1 EL Butter in einer Pfanne erhitzen und die Zwiebelringe darin etwa 2 Minuten anschwitzen. Dann die Apfelscheiben dazugeben. Zuletzt die Blutwurst kurz mit anbraten.

Wenn die Kartoffeln fertig gegart sind, gemeinsam mit dem halben Apfel, der Milch und dem übrigen EL Butter zu einem nicht zu feinen Püree stampfen. Mit Salz, Pfeffer und Muskatnuss abschmecken.

Das Püree auf den Brotscheiben verteilen und die Apfelscheiben, die Zwiebelringe und die Blutwurst obenauf legen.

Tipp
Für eine vegetarische Variante lasst ihr einfach die Blutwurst weg und für eine vegane ersetzt ihr zusätzlich dazu die Butter und Milch durch pflanzliche Alternativen.

Reibekuchen-Stulle

Die besten Reibekuchen macht meine Mama. Für uns als Kinder war es ein wahres Fest, wenn sie die knusprigen Küchlein für uns gebacken hat. Ich kann mich erinnern, dass wir nicht müde wurden zu diskutieren, ob sie besser mit Rübenkraut oder Apfelmus schmeckten. Und wir das natürlich wieder und wieder und wieder probieren mussten …

Da Reibekuchen ja eine ziemlich fettige Angelegenheit sind, passt Schwarzbrot als »Unterlage« perfekt.

Zutaten

4 Scheiben Schwarzbrot
(oder Pumpernickel)

4 Kartoffeln
1 Zwiebel
1 Ei
2–3 EL Haferflocken
Salz
frisch gemahlener schwarzer Pfeffer
Öl zum Braten

Das passt außerdem noch auf die Stulle
Rübenkraut (buchstäblich das Gold meiner Kindheit)
Apfelmus
geräucherter Lachs
veganer Lachs
(Rezept siehe Seite 158)

Die Kartoffeln waschen und schälen.
Die Zwiebel abziehen. Beide Zutaten auf einer Vierkantreibe grob in eine Schüssel hobeln und die austretende Flüssigkeit ordentlich ausdrücken und entsorgen. Das Ei, die Haferflocken, Salz und Pfeffer zu den Kartoffel-Zwiebel-Raspeln geben und alles gut vermengen.

Die Reibekuchen portionsweise in heißem Öl ausbacken (»Sie müssen schwimmen«, sagt meine Mama) und auf die Brotscheiben legen.

Egal ob zusätzlich noch mit Rübenkraut, Apfelmus oder geräuchertem Lachs obenauf – diese Stulle ist wirklich ein Genuss.

Coleslaw mit Apfel oder Schinken

Weiß- oder Rotkohl-Slaw selbst zu machen, geht viel einfacher, als ihr vielleicht denkt, und es lohnt sich in mehrfacher Hinsicht. Der Salat schmeckt weit besser als die gekaufte Variante, zusätzlich habt ihr geschmacklich so ziemlich jede Variationsmöglichkeit und er ist sehr gesund. Das hier angegebene Grundrezept dient als »Basis«, ihr könnt eurer Fantasie freien Lauf lassen und es geschmacklich variieren, wie ihr mögt. Der Krautsalat hält sich im Kühlschrank einige Tage und schmeckt auch gut als Beilage zu Grillgerichten oder Bratkartoffeln.

Zutaten

2 Scheiben Schwarzbrot

½ Apfel
Olivenöl zum Anbraten
Butter oder Senf zum Bestreichen
2–4 Scheiben Kochschinken (Kasseler oder Putenbrust passen auch super)
200 g Coleslaw (siehe Rezept unten)

Das passt außerdem noch auf die Stulle
Honig oder Ahornsirup

Für den Coleslaw
200 g Weiß- oder Rotkohl

½ TL Salz
2 EL Weißweinessig
2 EL neutrales Öl
1 TL Dijonsenf
1 TL Honig

Die Brotscheiben auf einem Teller anrichten. Die Äpfel waschen, vierteln, vom Kerngehäuse befreien und in Spalten schneiden. Olivenöl in einer Pfanne erhitzen und die Apfelspalten darin kurz anbraten.

Die Brotscheiben buttern oder mit Senf bestreichen. Eine Brotscheibe mit dem Schinken belegen, die andere mit den Apfelspalten. Dann je eine Portion des Slaw auf die Brote legen.

Tipp
Natürlich schmeckt die Stulle auch mit rohem Apfel, doch das kurze Anbraten sorgt für einen ganz besonderen Twist. Wird am Schluss noch etwas Honig oder Ahornsirup auf die Brote geträufelt … göttlich!

Für den Coleslaw den Kohl von den äußeren Blättern befreien und vierteln. Möglichst fein schneiden bzw. hobeln und in eine große Schüssel geben.

Die Zutaten für das Dressing gründlich verquirlen und über den Kohl gießen. Alles gut vermengen, den Kohl dabei gründlich mit den Händen kneten.

Tipp
Der Rotkohl-Slaw freut sich über die Zugabe von gestiftelten Möhren. Wenn ihr es ein kleines bisschen aufregender möchtet, könnt ihr auch Nüsse, klein geschnittene Datteln und geraspelten Apfel zugeben. Für einen Levante-Touch könnt ihr das Dressing mit Koriander oder Harissa verfeinern.

Zum Weißkohl-Slaw passen gestiftelte Möhren ebenso wunderbar. Und außerdem noch Radieschenscheiben, Äpfel und Walnüsse.

Rosenkohl auf Hummus

Rosenkohl und ich sind lange Jahre keine Freunde gewesen. Meine Oma liebte ihn, mir als Kind war das labberig verkochte, bittere Zeug ein Graus. »Nur noch einen für die Omi!«, klang mir lange in den Ohren, sobald er im Herbst auf die Märkte und in die Supermärkte kam.

Als ich begann, selbst zu kochen und mich mit verschiedenen Geschmacksrichtungen und Gewürzen auseinanderzusetzen, gab ich dem Rosenkohl eine zweite Chance. Und was soll ich sagen? Es hat sich so was von gelohnt!

Für euch habe ich zwei Varianten, eine süß und eine herzhaft. Keine bitter, keine labberig.

Zutaten

3 Scheiben Schwarzbrot

8–10 Rosenkohlröschen
Olivenöl zum Anbraten
Salz
frisch gemahlener schwarzer Pfeffer
4–6 EL Hummus
(siehe Rezept Seite 67)
1 EL Granatapfelkerne
1 EL Honig
1–2 Scheiben Bresaola (oder anderer luftgetrockneter Rinderschinken)

Den Rosenkohl waschen, jeweils das untere Ende abschneiden und die äußersten Blätter entfernen. Die Röschen der Länge nach halbieren. In etwas Olivenöl in einer Pfanne kurz knusprig anbraten. Salzen und pfeffern.

Das Brot toasten und jede Scheibe mit dem Hummus bestreichen. Den Rosenkohl darauf verteilen. Achtung, dann bekommt jede Stulle ihren eigenen Twist, sei es durch die Granatapfelkerne und den Honig oder durch die Bresaola.

Quitten mit Hähnchenbrust

Ich liebe Quitten. Vielleicht weil sie so unglaublich schön aussehen. Vielleicht weil sie »nicht leicht zu haben« sind. Vielleicht weil sie so herrlich duften. Oder einfach nur weil sie so besonders schmecken. Unsere Nachbarn haben einen alten, wunderbaren Quittenbaum. Jedes Jahr im Herbst füllt er sich mit riesigen, leuchtend gelben Früchten. Sobald ich die Leiter unter dem Baum stehen sehe, schlendere ich also rüber und biete einen Tauschhandel an. Eier von Monsieurs Mädels gegen Quitten zum Beispiel. Und weil unsere Nachbarn einfach wirklich nett sind (und möglicherweise gerne Eier essen), schmiere ich euch dann eine Stulle mit Quitte. Und Hähnchenbrust. Vielleicht erwähnt ihr das dem Monsieur gegenüber lieber nicht. Oder ihr wählt die vegane Variante mit Sellerie.

Zutaten

4 Scheiben Schwarzbrot

1 Quitte
Saft von 1 Orange
1 Prise Salz
½ TL Chiliflocken
1 Sternanis
1 Zimtstange
1 TL Honig
200 g Hähnchenbrustfilet
neutrales Pflanzenöl zum Braten
frisch gemahlener schwarzer Pfeffer

Das passt außerdem noch auf die Stulle

Frischkäse
Senf
Salat (am besten etwas leicht Bitteres wie Radicchio oder Rucola)
Walnusskerne
Petersilie
Joghurt

Den Ofen auf 200 °C Ober-/Unterhitze vorheizen.

Die Quitte sorgfältig waschen und von ihrem »Pelz« befreien. Trockentupfen und dann halbieren (das geht ziemlich schwer). Den Orangensaft mit dem Salz und dem Honig vermengen und zusammen mit dem Sternanis und der Zimtstange in eine (kleine) ofenfeste Form geben. Die Quittenhälften mit der Schnittseite nach oben in die Form legen. Mit Alufolie bedecken und im vorgeheizten Backofen 35 Minuten weich garen, dabei in den letzten 10 Minuten die Alufolie entfernen.

In der Zwischenzeit das Brot toasten und das Hähnchenbrustfilet in etwas Öl in einer Pfanne braten. Salzen, pfeffern und optional mit etwas Chilipulver bestreuen.

Wenn die Quittenhälften schön weich sind, aus dem Ofen nehmen und die Kerngehäuse mit einem Löffel entfernen.

Die Quitten und Hähnchenbrust in Streifen schneiden und auf dem Brot anrichten. Als Basis eignet sich Frischkäse, Senf oder auch etwas Salat hervorragend. Ich mag es jedoch besonders gerne, wenn der Backsud einfach in das Brot sickert. Obenauf sind Walnüsse oder auch ein Klecks Joghurt eine feine Sache …

Tipp
Wer kein Fleisch essen möchte, kann das Hähnchen durch Knollensellerie ersetzen. Dazu eine Sellerieknolle einfach in Scheiben oder Streifen schneiden und wie oben beschrieben in einer Pfanne braten. Vegan wird die Stulle, wenn ihr zudem den Honig durch braunen Zucker oder Ahornsirup ersetzt.

STD

Register

Baguette

Weißbrot

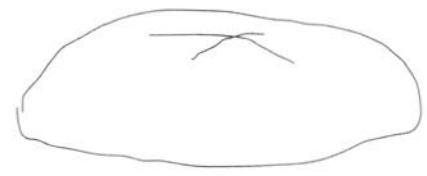

Graubrot

Schwarzbrot

Danke

Mein Herz ist voll. In euren Händen haltet ihr etwas, wovon ich lange geträumt habe.
Mein erstes eigenes Kochbuch. Und auch wenn es mein Traum ist, der sich hier erfüllt, waren so viele daran beteiligt, ihn wahr werden zu lassen. Ich danke euch allen von Herzen.

Besonderer Dank gilt meiner Familie. Meinem Mann, »dem Schotten«, für seine Liebe, den schönsten Hühnerstall der Welt und uns. Und meinen Kindern. Dafür, dass sie so sind, wie sie sind. Ich danke euch für eure Liebe, euer Verständnis und die Geduld, die ihr mit mir und meinem Traum hattet. Für eure stabilen Mägen und all die Brote und Stullen, die ihr gegessen habt, für alle helfende Hände, die ihr gereicht habt, für Lob und Kritik. Ich habe euch alle unglaublich lieb. Danke, dass ihr meine Familie seid.

Danke, Mama. Mein Respekt vor deiner und Papas Liebe und vor dem, was ihr als Eltern vollbracht habt, wächst täglich. Danke, dass ihr uns eine so wunderbare Familie zum Großwerden gegeben habt. Und nicht zuletzt hast vor allem du sowohl meine kulinarischen als auch meine ästhetischen Wurzeln maßgeblich geprägt. Das hast du jetzt davon …

Danke an meine Schwester Eva. Für die gemeinsame Erinnerung an »Himmel und Erde«, die türkise Pfanne und Reibekuchen – und dafür, dass du da bist. Und für die schönen Autorenfotos.

Danke an meine »in-laws« Annemarie & William. Ohne euch wäre so vieles nicht möglich. Für viele, viele Stunden, die ihr auf die Kinder aufgepasst habt, für aufmunternde Worte, Hefe und Mehl. Und bitte entschuldigt all die Tomaten und Kräuter, die ich geklaut habe.

Ein großer Dank geht an meine zauberhafte Lektorin Britta. Dass ihr dieses Buch überhaupt in den Händen haltet, ist nicht zuletzt ihrer Überzeugungskraft zu verdanken. Und ziemlich vielen Stunden, in denen wir geplant, geredet, gelacht und geflucht haben. Britta – du bist die Beste.

Danke, Kim. Für die wunderschöne Gestaltung dieses Buches. Und deine Geduld.

Danke an alle meine Freunde. Geduldig haben sie einseitige Ernährungsgewohnheiten und auch Gesprächsthemen meinerseits ausgehalten.

Danke, Sabrina. Für ein Blech frischer Bagels im richtigen Moment und so vieles mehr.

Danke, Britta. Für deine Teller, Platten und Tischdecken. Ich werde sie dir irgendwann zurückgeben. Bestimmt. Nur die große blaue Platte kann ich leider nicht finden.

Danke, Sonja. Für einfach alles.

Danke an das Team des schönsten Freibades der Welt in Hollern-Twielenfleth. Insbesondere an die Bademeisterin der Herzen Berit, die nicht nur einmal für mich früher aufgestanden ist und schon mal Kaffee gekocht hat.

Danke an die Obstbauern meines Vertrauens, Cord, Karsten und Hauke. Für Treckerfahrten und Fotokulisse. Ihr rockt.

Danke, Sven. Für die Idee, Essen zu fotografieren und zu posten. Und für die wunderbaren Bilder, die du hier von mir in Aktion gemacht hast.

Danke, Sunna. Für all die Gespräche, die Anregungen und auch die kritischen Worte.
Gut, dass du es aus der virtuellen Welt in die echte geschafft hast.

Danke, Sarah. Für all deine Aufmunterung, Hilfe, Rat und Tat. Gut, dich auf der anderen Seite der Elbe zu wissen.

Danke an Ralf und Anja für die Quitten.

Danke an Alex und Lukas für die Gurken.
Ich habe sie alles selbst gegessen

Danke , Bella. Für die wunderbare Marillenmarmelade.

Danke an Sabrina, Klaus und die Beachbabes. Für das Wochenende von Seite 20.

Danke , Claudio. Für den Schubser – und für den Tipp mit dem Zettel und dem Stift auf dem Nachttisch, um Ideen aus dem Traum gleich aufzuschreiben. Möglicherweise hat es der Schnittlauch-Schmetterling so bis ins Buch geschafft.

Danke , Jule. Für den fantastischen Sauerteigansatz.

Danke an Monsieur und seine Mädels.
Für all den Spaß und die Eier.

TOTHEBAR

Über die Autorin

Aufgewachsen in Wuppertal bekam Anna Hogg die ersten Butterbrote mit Leberwurst von ihrer Mutter geschmiert. Nach dem Abitur zog sie zum Medizinstudium nach Lübeck. Sie wurde nicht nur Ärztin, sondern lernte auch, ihre Stullen selbst zu schmieren. Im oft stressigen Berufsalltag als Neurochirurgin lernte Anna, wie wichtig ein kreativer Ausgleich ist. Diesen findet sie beim Kochen und Gärtnern – sowohl der OP-Tisch als auch der Küchentisch haben einen festen Platz in ihrem Leben. Gemeinsam mit ihren Kindern und ihrem Mann (dem Schotten) lebt sie heute im Alten Land.
Aus Leidenschaft zum Brot schmiert sie dort als @von_tisch_zu_tisch ihrer Instagram-Community jeden Donnerstag die »Stulle der Woche«.

Impressum

Produktmanagement: Britta Bettendorf
Redaktion: Constanze Lüdicke
Korrektorat: Judith Bingel
Layout & Satz: Kim Aichholz, studio zitrone
Umschlaggestaltung: Dominik Günzinger
Repro: LUDWIG:media
Herstellung: Vanessa Brunner

Printed in Poland by CGS Printing

Rezepte & Texte: Annabella Hogg
Fotografie: siehe Bildnachweis

Unser komplettes Programm finden Sie unter
www.christian-verlag.de

Alle Angaben dieses Werkes wurden von der Autorin sorgfältig recherchiert und auf den neuesten Stand gebracht sowie vom Verlag geprüft. Für die Richtigkeit der Angaben kann jedoch keine Haftung übernommen werden, weshalb die Nutzung auf eigene Gefahr erfolgt. Sollte dieses Werk Links auf Webseiten Dritter enthalten, so machen wir uns die Inhalte nicht zu eigen und übernehmen für die Inhalte keine Haftung.

In diesem Buch wird aus Gründen der besseren Lesbarkeit das generische Maskulinum verwendet. Weibliche und anderweitige Geschlechteridentitäten werden dabei ausdrücklich mitgemeint, soweit es für die Aussage erforderlich ist.

Bildnachweis: Alle Bilder stammen von Annabella Hogg mit Ausnahme von Seite 7, 10 (unten links), 13, 68 (oben rechts, unten), 81, 138/139, 186/187, 189: Sven Michael Golimowski; Seite 190: © Eva Gieselberg. Die Bilder im Freibad (Seiten 33, 36, 37, 40/41) sind mit freundlicher Gemehmigung der Samtgemeinde Lühe entstanden, dle Bilder der Mühle (Seiten 10, 14) mit ebensolcher von Volkmar Dinglinger, den Besitzer des Mühlennbetriebs Hein Noodt.

Die Deutsche Nationalbibliothek verzeichnet diese Publikation in der Deutschen Nationalbibliografie; detaillierte bibliografische Daten sind im Internet über http://dnb.d-nb.de abrufbar.

★★★★★

Sind Sie mit diesem Titel zufrieden? Dann würden wir uns über Ihre Weiterempfehlung freuen. Erzählen Sie es im Freundeskreis, berichten Sie Ihrem Buchhändler, oder bewerten Sie bei Onlinekauf.

Und wenn Sie Kritik, Korrekturen, Aktualisierungen haben, freuen wir uns über Ihre Nachricht an

Christian Verlag
Postfach 40 02 09
80702 München
oder per E-Mail an
lektorat@verlagshaus.de

2. Auflage 2025
© 2024 Christian Verlag GmbH
Infanteriestraße 11 a
80797 München

Alle Rechte vorbehalten.
ISBN: 978-3-95961-857-1